Shraddha N. Zanjat
Vishwajit K. Barbudhe
Bhavana S. Karmore

Conceção Web

Shraddha N. Zanjat
Vishwajit K. Barbudhe
Bhavana S. Karmore

Conceção Web

ScienciaScripts

Cover image: www.ingimage.com

This book is a translation from the original published under ISBN 978-620-7-47040-2.

Publisher:
Sciencia Scripts
is a trademark of
Dodo Books Indian Ocean Ltd. and OmniScriptum S.R.L publishing group

120 High Road, East Finchley, London, N2 9ED, United Kingdom
Str. Armeneasca 28/1, office 1, Chisinau MD-2012, Republic of Moldova, Europe
Printed at: see last page
ISBN: 978-620-7-98098-7

Conteúdo

Referências

"TCP/IP Ilustrado, Volume 1: Os Protocolos" por W. Richard Stevens
"Java: Um Guia para Principiantes" de Herbert Schildt
"Head First Java" por Kathy Sierra e Bert Bates
"Effective Java" por Joshua Bloch
"Java Concurrency in Practice" por Brian Goetz
"Programação de redes Java" por Elliotte Rusty Harold
"Java Socket Programming: Build a Chat Application" de Narendra Mohan Mittal "Head First Design Patterns" de Eric Freeman, Elisabeth Robson, Bert Bates, Kathy Sierra
Conjunto "Web Design com HTML, CSS, JavaScript e jQuery" de Jon Duckett "Não Faça-me pensar: A Common Sense Approach to Web Usability" de Steve Krug

CAPÍTULO I

INTRODUÇÃO À INTERNET

OBJECTIVO:

Sensibilizar os alunos para os conceitos básicos e fundamentais da Internet.

Computadores nas empresas

As aplicações comerciais baseadas em computador eram designadas por Sistemas de Processamento de Dados Empresariais (BDPS) e a linguagem COBOL (Common Business Oriented Language) era largamente utilizada para as conceber. Os dados comerciais eram armazenados sob a forma de ficheiros de dados e os programas COBOL eram utilizados para processar os ficheiros de dados e gerar relatórios úteis. Mais tarde, foram utilizadas consultas simples e um formato atrativo denominado Sistemas de Gestão de Bases de Dados (SGBD). Nesta fase, foi introduzida uma nova tecnologia denominada Interface Gráfica do Utilizador (GUI). Uma GUI divide um programa em duas partes. Uma parte destina-se a gerir os ficheiros de dados e a outra a desenhar imagens e ícones para obter informações do utilizador. A primeira parte é designada por back end e a segunda por front end. Entretanto, foram introduzidas técnicas mais sofisticadas de gestão de ficheiros que permitem manipular mais do que um ficheiro através de comandos simples. Este tipo de ficheiro de dados é designado por base de dados relacional. O sistema de gestão de bases de dados que suporta bases de dados relacionais e caraterísticas relacionais é designado por Sistema de Gestão de Bases de Dados Relacionais (SGBDR). A próxima melhoria importante no domínio da informática é o conceito de rede.

INTERNET

A Internet é um sistema global de redes informáticas interligadas que utilizam o conjunto normalizado de protocolos Internet (TCP/IP) (Transmission Control Protocol / Internet Protocol) para servir milhares de milhões de utilizadores em todo o mundo. É uma rede de redes que consiste em milhões de redes privadas, públicas, académicas, empresariais e governamentais, de âmbito local a global, que estão ligadas por uma vasta gama de tecnologias electrónicas e ópticas de ligação em rede. A Internet contém uma vasta gama de recursos e serviços de informação, como os documentos de hipertexto interligados da World Wide Web (WWW) e a infraestrutura de apoio ao correio eletrónico.

Breve história da Internet

Final da década de 1960 e início da década de 1970: Rede da Agência de Projectos de Investigação Avançada (ARPA) do Departamento de Defesa - A ARPANET serviu de base para a investigação inicial sobre redes, bem como de espinha dorsal central durante o desenvolvimento da Internet. O TCP/IP evoluiu como protocolo de rede normalizado para o intercâmbio de dados entre computadores na rede.

Meados da década de 1970: Foram desenvolvidos os serviços básicos que constituem a Internet: Conectividade remota - Transferência de ficheiros - Correio eletrónico

1979-80 : Sistemas Usenet para grupos de notícias

1982: Internet Gopher

1991: Introdução pública à World Wide Web (maioritariamente baseada em texto) - No início dos anos 90, os criadores do CERN divulgaram as capacidades da Web a audiências científicas de todo o mundo.
1993: Em setembro de 1993, a percentagem de tráfego Web que atravessa a espinha dorsal da Internet NSFNET atingiu 75 gigabytes por mês, ou seja, um por cento.
1994: Em julho de 1994, era de um terabyte por mês. 1994 Até esta data, a WWW não era utilizada para fins comerciais - A Internet é um terço de uma rede de investigação e ensino. As comunicações comerciais começam a assumir a maior parte do tráfego da Internet.

DEFINIÇÃO DE INTERNET

A Internet é uma rede de redes ou um conjunto de redes heterogéneas. A rede é uma interconexão de sistemas para partilhar dados e informações.

O que é a Internet?

A Internet é um sistema mundial de telecomunicações que fornece conetividade a milhões de outras redes mais pequenas. Por conseguinte, a Internet é frequentemente referida como uma rede de redes. Permite que os utilizadores de computadores comuniquem entre si à distância e através de plataformas informáticas.

A Internet teve início em 1969, com a Agência de Projectos de Investigação Avançada (ARPA) do Departamento de Defesa dos EUA, para permitir a comunicação imediata dentro do Departamento em caso de guerra. Foram então instalados computadores em universidades americanas com projectos relacionados com a defesa. À medida que os académicos começaram a ficar em linha, esta rede deixou de ser utilizada para fins militares e passou a ser utilizada para fins científicos. À medida que a ARPANET crescia, a administração do sistema foi distribuída por várias organizações, incluindo a National Science Foundation (NSF). Esta mudança de responsabilidade deu início à transformação da ARPANET, orientada para a ciência, na Internet comercialmente orientada e financiada, utilizada atualmente por milhões de pessoas.

A Internet funciona como uma conduta para transportar mensagens electrónicas de uma rede para outra rede. No centro da maioria das redes está um servidor, um computador rápido com grandes quantidades de memória e espaço de armazenamento. O servidor controla a comunicação de informações entre os dispositivos ligados a uma rede, como computadores, impressoras ou outros servidores.

A Internet pode ser definida como uma rede de computadores ligados a nível mundial que é descentralizada por conceção. Esta definição pode ser dividida em três partes.

a. É uma rede

Uma rede é um conjunto de computadores. A Internet também pode ser referida como uma rede porque é uma coleção de milhões de computadores.

b. Computadores ligados globalmente

Isto significa que pode ser ligado à Internet, independentemente da sua localização. A Internet aproximou as pessoas no mundo, ligando computadores situados nos locais mais remotos.

c. Conceção descentralizada

A Internet tem uma conceção descentralizada. Ou seja, não existe uma entidade centralizada que controle o funcionamento da Internet. A Internet fornece serviços online que são administrados centralmente, mas, como um todo, não seria incorreto dizer que a Internet tem uma conceção descentralizada. Cada computador ligado à Internet é designado por anfitrião. O operador/utilizador de um determinado anfitrião pode escolher entre os milhões de serviços Internet disponíveis e pode também disponibilizar serviços através da Internet.

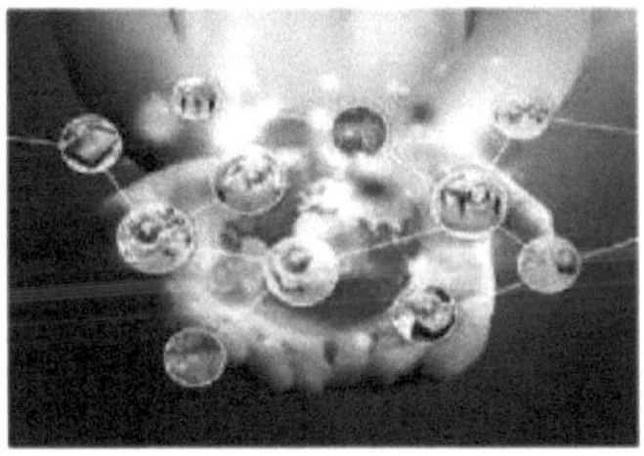

Um fornecedor de serviços Internet (ISP) permite ao utilizador aceder à Internet através do seu servidor. Muitos professores utilizam uma ligação através de uma universidade local como ISP, porque é gratuita. Outros ISPs, como a American Online, companhias telefónicas ou companhias de cabo fornecem acesso à Internet aos seus membros.

A Internet é uma fonte útil de informação sobre notícias, desporto e entretenimento, porque muda ao mesmo tempo que os acontecimentos que ocorrem no mundo, minuto a minuto.

A WEB MUNDIAL (WWW)

A World Wide Web (WWW) é uma coleção de páginas mantidas na Internet utilizando uma técnica designada por hipertexto.

Hipertexto

O hipertexto é um texto com mais de duas dimensões. Considere qualquer texto que seja escrito da esquerda para a direita. Ele tem apenas duas dimensões:

- Da esquerda para a direita
- De cima para baixo

O eixo da esquerda para a direita é normalmente considerado como o eixo x e o eixo y é considerado como o eixo de cima para baixo.

Os termos Internet e World Wide Web são frequentemente utilizados na linguagem quotidiana sem grande distinção. No entanto, a Internet e a World Wide Web não são a mesma coisa. A Internet é um sistema global de redes informáticas interligadas. Em contrapartida, a Web é um dos serviços que funcionam na Internet. É uma coleção de documentos e outros recursos interligados, ligados por hiperligações e URLs (Uniform Resource Locator). Em suma, a Web é uma aplicação que funciona na Internet. A visualização de uma página Web na World Wide Web começa normalmente por digitar o URL da página num navegador Web ou por seguir uma hiperligação para essa página ou recurso.

O navegador da Web inicia então uma série de mensagens de comunicação, nos bastidores, para o ir buscar e apresentar. Em primeiro lugar, a parte do nome do servidor do URL é resolvida num endereço IP (Protocolo Internet) utilizando a base de dados global e distribuída da Internet conhecida como Sistema de Nomes de Domínio (DNS). Este endereço IP é necessário para contactar o servidor Web. Em seguida, o navegador solicita o recurso enviando um pedido HTTP para o servidor Web nesse endereço específico. No caso de uma página Web típica, o texto HTML da página é pedido em primeiro lugar e analisado

imediatamente pelo navegador Web, que depois faz pedidos adicionais para imagens e quaisquer outros ficheiros que completem a imagem da página.
A parte mais utilizada da Internet é a World Wide Web (frequentemente abreviada "WWW" ou designada "a Web"). A sua caraterística mais marcante é o hipertexto, um método de referência cruzada instantânea. Na maioria dos sítios Web, certas palavras ou frases aparecem num texto de cor diferente do resto; muitas vezes, esse texto também está sublinhado. Ao selecionar uma destas palavras ou frases, o utilizador é transferido para o sítio ou página relevante para essa palavra ou frase. Por vezes, existem botões, imagens ou partes de imagens que são "clicáveis". Se mover o ponteiro sobre um ponto de um sítio Web e o ponteiro se transformar numa mão, isso indica que pode clicar e ser transferido para outro sítio.
Ao receberem estes ficheiros do servidor Web, os navegadores podem progressivamente apresentar a página no ecrã, conforme especificado pelo HTML, pelas folhas de estilo em cascata (CSS) ou por outras linguagens de composição de páginas. Quaisquer imagens e outros recursos são incorporados para produzir a página Web no ecrã que o utilizador vê. A maioria das páginas Web contém hiperligações para outras páginas relacionadas e, eventualmente, para ficheiros descarregáveis, documentos de origem, definições e outros recursos Web. Esta coleção de recursos úteis e relacionados, interligados através de ligações de hipertexto, é designada por teia de informação. A publicação na Internet criou o que Tim Berners-Lee chamou pela primeira vez de World
Web alargada

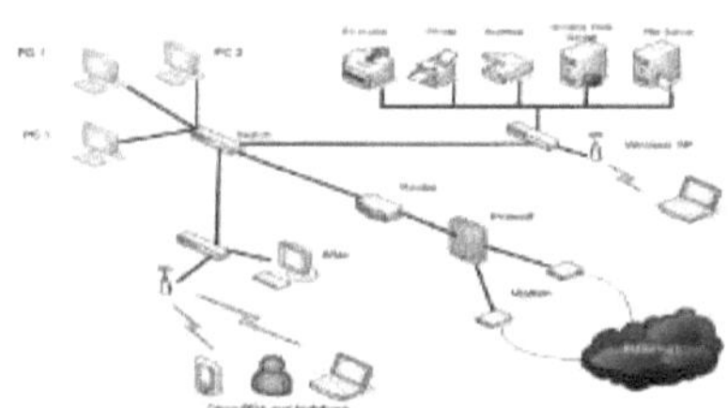

Ligação à Internet através de uma linha alugada

Protocolo

Atualmente, os criadores de redes conceberam vários protocolos, alguns dos quais são os seguintes

- Protocolo de transferência de correio simples (SMTP)
- Protocolo ponto-a-ponto (PPP)
- Protocolo de transferência de hipertexto (HTTP)
- Protocolo de Controlo de Transferência / Internet

Protocolo (TCP/IP)
O Protocolo Internet é um esquema técnico de comutação que permite a um nó de uma rede comunicar com um nó de outra rede.

APLICAÇÕES INTERNET

A Internet é considerada uma das maiores invenções. Tem um grande número de utilizações.

1. Comunicação
2. Procura de emprego
3. Encontrar livros e material de estudo
4. Saúde e medicina
5. Viagens

6. Entretenimento
7. Compras
8. Actualizações da bolsa de valores
9. Investigação
10. Utilização comercial da Internet: as diferentes formas de utilização da Internet para fins comerciais são as seguintes:

- As informações sobre o produto podem ser fornecidas em linha ao cliente.
- Fornecer informações de mercado à empresa
- Ajuda a empresa a recrutar pessoas talentosas
- Ajuda na localização de fornecedores do produto
- Informação rápida sobre a opinião dos clientes relativamente ao produto da empresa
- Eliminar os intermediários e ter um contacto direto com o cliente.
- Fornecer informações ao investidor através do fornecimento de antecedentes e informações financeiras sobre as empresas no sítio Web.

BROWSERS

O software utilizado para navegar nas páginas Web é designado por browser. Seguem-se alguns browsers populares:

- Netscape Navigator
- Mosaico
- Java quente

O que é um Web Browser?

Um navegador Web contém o software básico necessário para encontrar, obter, visualizar e enviar informações através da Internet. Isto inclui software que lhe permite:

- Enviar e receber mensagens de correio eletrónico (ou e-mail) em todo o mundo de forma quase instantânea.
- Ler mensagens de newsgroups (ou fóruns) sobre milhares de tópicos em que os utilizadores partilham informações e opiniões.
- Navegue na World Wide Web (ou Web), onde pode encontrar uma grande variedade de textos, gráficos e informações interactivas.

Os browsers mais populares são o Microsoft Internet Explorer e o Netscape Navigator. O aspeto de um determinado Web site pode variar ligeiramente consoante o browser utilizado. Explorar a Internet utilizando o Microsoft Internet Explorer. Inicie o Internet Explorer fazendo duplo clique no ícone no ambiente de trabalho.

PÁGINAS WEB

As páginas Web são o que constitui a World Wide Web. Estes documentos são escritos em HTML (Hypertext Markup Language) e são traduzidos pelo seu navegador Web. As páginas Web podem ser estáticas ou dinâmicas. As páginas estáticas apresentam o mesmo conteúdo sempre que são visualizadas. As páginas dinâmicas têm conteúdos que podem mudar de cada vez que são acedidas. Estas páginas são normalmente escritas em linguagens de script, como PHP, Perl, ASP ou JSP. Os scripts nas páginas executam funções no servidor que devolvem coisas como a data e a hora, e informações da base de dados. Todas as informações são devolvidas sob a forma de código HTML, pelo que, quando a página chega ao seu browser, este apenas tem de traduzir o HTML.

Documento eletrónico (digital) criado com HTML e, portanto, acessível através de um navegador. Para além de texto e gráficos, as páginas Web podem também conter ficheiros de dados descarregáveis, ficheiros áudio e vídeo e hiperligações para outras páginas ou sítios. Um sítio Web é normalmente uma coleção de páginas Web. Uma página Web é um documento criado em html que aparece na Internet quando se escreve ou se acede ao endereço da página Web.

Página Web

Uma página Web é um documento normalmente escrito em HyperText Markup Language (HTML) que é acessível através da Internet ou de outra rede utilizando um browser. O acesso a uma página Web é feito através da introdução de um endereço URL e pode conter texto, gráficos e hiperligações para outras páginas Web e ficheiros.

As páginas Web são criadas utilizando HTML, que significa HyperText Markup Language (linguagem de marcação de hipertexto). Todas as páginas Web, quer sejam grandes ou pequenas, têm de ser desenvolvidas em HTML para serem apresentadas nos navegadores Web. O HTML, contrariamente ao seu nome, não é uma linguagem. Em vez disso, consiste em etiquetas que especificam o objetivo daquilo que encerram. Por exemplo, rodear um bloco de texto numa página Web com a etiqueta <p> (a etiqueta de parágrafo) indica ao programa de navegação que todo esse texto deve ser colocado como parágrafo ou utilizar o <em> à volta de uma frase para lhe dar ênfase.

Tipos de páginas Web

As páginas Web de defesa de candidatos políticos, designadas por "campanha eletrónica", tornaram-se uma parte importante da política. Os inquéritos mostram que mais de 50% dos utilizadores da Internet recorrem à Web para obter informações sobre temas políticos.

As páginas Web de empresas/marketing utilizadas para fazer compras na Internet são cada vez mais populares. Em 1999, 17 milhões de agregados familiares efectuaram compras em linha. Prevê-se que este número aumente para 49 milhões até 2004. Um inquérito aos compradores do regresso às aulas com 34 anos ou menos revelou que 17% planeavam fazer compras em linha para as necessidades escolares dos seus filhos. Talvez ainda mais significativo é o facto de apenas 6% dos compradores inquiridos se sentirem pouco à vontade para comprar na Internet. As instituições de ensino publicam frequentemente páginas Web informativas. Atualmente, a maioria dos estabelecimentos de ensino superior tem sítios Web com descrições de cursos, informações sobre a população estudantil e custos e prazos de inscrição. Quando se trata de comprar uma faculdade, os inquéritos mostram que os finalistas do ensino secundário utilizam mais a Web do que catálogos ou guias; cerca de 80% dos estudantes que vão para a faculdade começam a consultar os sítios Web das faculdades no segundo ano.

As páginas Web de notícias são os sítios Web mais populares entre os americanos com acesso à Internet. Embora estes sítios Web estejam muitas vezes associados a jornais, revistas, estações de televisão ou estações de rádio, alguns são publicados apenas em linha, sem um

meio de comunicação impresso ou de radiodifusão relacionado.
As páginas Web de portal oferecem frequentemente os seguintes serviços gratuitos: motor de busca, notícias, desporto e meteorologia, páginas Web pessoais gratuitas, ferramentas de referência, centros comerciais, correio eletrónico, mensagens instantâneas, grupos de notícias e salas de conversação. O dicionário define um "portal" como uma porta ou uma entrada. As páginas Web de portal são portas de entrada para uma série de serviços.

CHAT NA INTERNET

Na Internet, conversar é falar com outras pessoas que estão a utilizar a Internet ao mesmo tempo que o utilizador. Normalmente, esta "conversa" consiste na troca de mensagens dactilografadas que requerem um sítio como repositório das mensagens (ou "sítio de conversa") e um grupo de utilizadores que participam a partir de qualquer ponto da Internet.
Em alguns casos, pode ser organizada uma conversa privada entre duas partes que se encontraram inicialmente numa conversa de grupo. Os chats podem ser contínuos ou programados para uma determinada hora e duração. A maioria dos chats centra-se num tema de interesse específico e alguns envolvem especialistas convidados ou pessoas famosas que "falam" com quem se junta ao chat.

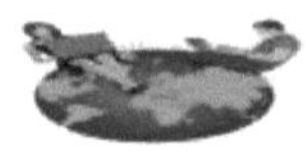

Chat na Internet

Os chats são conduzidos em serviços em linha (especialmente na America Online), em serviços de bulletin board e em sítios Web. Vários sítios Web, nomeadamente o Talk City, existem apenas com o objetivo de conduzir conversas. Alguns sítios de conversação, como o Worlds Chat, permitem que os participantes assumam o papel ou a aparência de um avatar num ambiente simulado ou de realidade virtual.

SÍTIOS WEB

Os sítios Web têm muitas funções e podem ser utilizados de várias formas; um sítio Web pode ser um sítio Web pessoal, um sítio Web comercial, um sítio Web governamental ou um sítio Web de uma organização sem fins lucrativos. Os sítios Web podem ser obra de um indivíduo, de uma empresa ou de outra organização e, normalmente, são dedicados a um determinado tópico ou objetivo. Qualquer sítio Web pode conter uma hiperligação para qualquer outro sítio Web, pelo que a distinção entre sítios individuais, tal como é percebida pelo utilizador, pode ser pouco clara.
Os sítios Web são escritos ou convertidos em HTML (Hyper Text Markup Language) e são acedidos através de uma interface de software classificada como agente do utilizador. As páginas Web podem ser visualizadas ou acedidas de outra forma a partir de uma série de dispositivos informáticos e de Internet de várias dimensões, incluindo computadores de secretária, computadores portáteis, PDA e telemóveis.

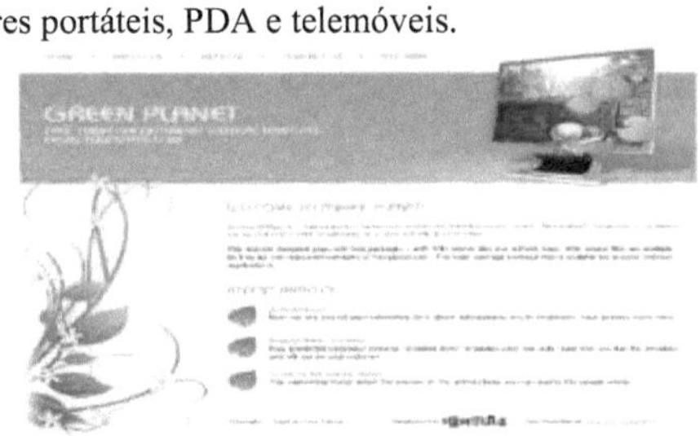

Um sítio Web está alojado num sistema informático conhecido como servidor Web, também designado por servidor HTTP. Estes termos podem também referir-se ao software que corre nestes sistemas, que recupera e entrega as páginas Web em resposta aos pedidos dos utilizadores do sítio Web.

CORREIO ELECTRÓNICO

O que é o correio eletrónico?

O correio eletrónico é a possibilidade de enviar mensagens de texto e cartas a qualquer utilizador da Internet. Todas as pessoas na Internet têm o seu próprio endereço de correio eletrónico. Através dele, é possível comunicar com outros utilizadores de correio eletrónico e muito rapidamente. Também é possível anexar ficheiros de imagem, som, vídeo ou documentos à mensagem de correio eletrónico.

Uma mensagem enviada de um computador para outro através da Internet. Para começar a enviar mensagens de correio eletrónico, necessita de:

- Um computador ligado à Internet (pode utilizar os computadores da biblioteca!)
- 87Um endereço de correio eletrónico

Email (ou correio eletrónico) significa correio eletrónico e é utilizado principalmente para transferir cartas de um dispositivo digital para outro. Estes dispositivos digitais podem ser computadores, palm tops ou mesmo telemóveis. As mensagens de correio eletrónico podem conter texto, bem como imagens e outros ficheiros anexados. As vantagens do correio eletrónico em relação ao correio tradicional são enormes.

Obter um endereço de e-mail:

Terá de obter um endereço de correio eletrónico de uma empresa que tenha "servidores de correio", ou seja, computadores especiais que podem entregar as mensagens de correio eletrónico no local certo.

Correio eletrónico da empresa do seu fornecedor de serviços Internet (ISP):

Os ISP (Internet Service Providers) são empresas que fornecem uma ligação à Internet mediante o pagamento de uma taxa mensal. Normalmente, incluem um ou mais endereços de correio eletrónico na taxa mensal de ligação à Internet.

Exemplos de ISPs em Halifax:

Consulte as páginas amarelas para obter uma lista completa de ISPs em Internet-Produtos e Serviços

- Aliant - (Internet de alta velocidade através das linhas telefónicas)
- Chebucto Community Net (Internet por ligação telefónica)
- EastLink (Internet por cabo de alta velocidade)

Se tiver correio eletrónico de um ISP, poderá verificá-lo de duas formas.

1. Em casa: utilizar um software (por exemplo, o Outlook) que pode memorizar automaticamente o seu nome de utilizador e a sua palavra-passe.

2. Na biblioteca ou em casa: acedendo ao sítio webmail da empresa. Terá de se lembrar do seu nome de utilizador e da sua palavra-passe.

Fornecedores de serviços de correio eletrónico gratuitos baseados na Web:

Para se inscrever numa conta de correio eletrónico gratuita baseada na Web, vá a um destes sítios Web e procure ligações como "Inscreva-se agora" ou "Registe-se aqui" para aceder ao formulário de registo.

- www.gmail.com
- www.yahoo.com
- www.hotmail.com
- www.lycos.com

Partes de um endereço de correio eletrónico:

johnsmith@gmail.com

Enviar uma mensagem:

PASSO 1: Preencher os campos:

Quando começar a escrever uma mensagem de correio eletrónico, verá um formulário com várias caixas vazias. Segue-se uma explicação do que tem de escrever em cada caixa.

Para:

Escreva o(s) endereço(s) eletrónico(s) das pessoas a quem está a enviar a mensagem. Se escrever para mais do que uma pessoa, coloque uma vírgula entre os respectivos endereços. (por exemplo, sam@mail.com, jen@mail.com)

CC:

Escreva um endereço de correio eletrónico na caixa "Cópia a cores" se pretender apenas "copiar" alguém para obter informações e não espera que essa pessoa responda. O destinatário principal na caixa "Para" poderá ver os endereços de correio eletrónico na caixa "CC".

BCC:

Escreva um endereço de correio eletrónico para "Cópia oculta de carbono" se pretender que alguém receba a mensagem sem que o destinatário principal saiba.

Título:

Escreva um breve título/assunto para a sua mensagem. Não é obrigatório, mas é útil para o destinatário.

Mensagem:

Escreva a sua mensagem na caixa grande.

MOTORES DE BUSCA

Os motores de pesquisa são como as listas telefónicas da Internet. São sítios Web especiais que permitem encontrar informações noutros sítios Web. Para demonstrar a utilização do Google, o procedimento básico é o mesmo para todos os motores de pesquisa.

Geral

- Motores de pesquisa

- Motores de pesquisa especializados

Google: www.google.ca

Eluta (anúncios de emprego) : www.eluta.ca

Bing: www.bing.com

Kids Click : www.kidsclick.com

Passos para a pesquisa:

- Aceder a www.google.ca
- Escreva palavras-chave na caixa de pesquisa.
- Prima enter ou clique em Pesquisa Google

URLs

URL é um acrónimo de Uniform Resource Locator e é uma referência (um endereço) a um recurso na Internet.

Um localizador único de recursos (URL) é uma ligação que é utilizada para aceder a um sítio Web na Internet. Um URL é único para cada sítio e, normalmente, baseia-se na natureza do sítio. Sem especificar um URL válido, os utilizadores não podem aceder a um determinado sítio.

Um URL tem dois componentes principais

- Identificador de protocolo: Para o URL http://example.com, o identificador de protocolo é http.
- Nome do recurso: Para o URL http://example.com, o nome do recurso é example.com.

O identificador de protocolo e o nome do recurso são separados por dois pontos e duas barras oblíquas. O identificador de protocolo indica o nome do protocolo a ser utilizado para obter o recurso. O exemplo utiliza o Protocolo de Transferência de Hipertexto (HTTP), que é normalmente utilizado para servir documentos de hipertexto. O HTTP é apenas um dos muitos protocolos diferentes utilizados para aceder a diferentes tipos de recursos na Internet. Outros protocolos incluem o Protocolo de Transferência de Ficheiros (FTP), Gopher, File e News.

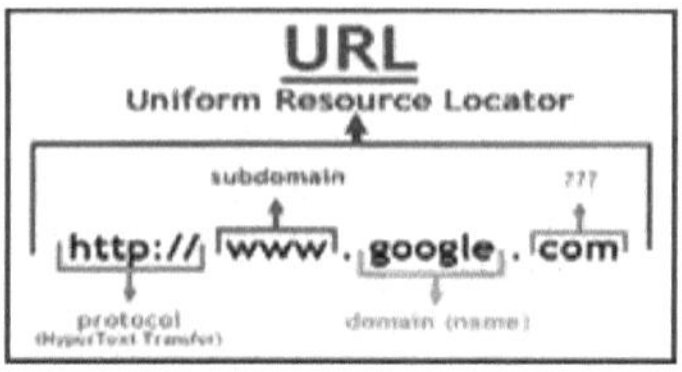

O nome do recurso é o endereço completo do recurso. O formato do nome do recurso depende inteiramente do protocolo utilizado, mas para muitos protocolos, incluindo o HTTP, o nome do recurso contém um ou mais dos seguintes componentes:

Nome do anfitrião: O nome da máquina em que o recurso reside.

Nome do ficheiro: O nome do caminho para o ficheiro na máquina.

Número da porta: O número da porta à qual se deve ligar (normalmente opcional).

Referência: Uma referência a uma âncora nomeada dentro de um recurso que normalmente identifica uma localização específica dentro de um ficheiro (normalmente opcional).

NOMES DE DOMÍNIO

Um **nome de domínio** é uma cadeia de identificação que define um domínio de autonomia administrativa, autoridade ou controlo na Internet. Os nomes de domínio são formados pelas regras e procedimentos do Sistema de Nomes de Domínio (DNS). Qualquer nome registado no DNS é um nome de domínio.

Os nomes de domínio são utilizados em vários contextos de rede e para fins de atribuição de nomes e endereços específicos de aplicações. Em geral, um nome de domínio representa um recurso do Protocolo Internet (IP), como um computador pessoal utilizado para aceder à Internet, um computador servidor que aloja um sítio Web, o próprio sítio Web ou qualquer outro serviço comunicado através da Internet.

Os nomes de domínio são também utilizados como simples etiquetas de identificação para indicar a propriedade ou o controlo de um recurso. Exemplos disso são os identificadores de domínio utilizados no Protocolo de Iniciação de Sessão (SIP), as chaves de domínio utilizadas para verificar domínios DNS em sistemas de correio eletrónico e muitos outros.

Identificadores Uniformes de Recursos (Uris):

Uma função importante dos nomes de domínio é fornecer nomes facilmente reconhecíveis e memorizáveis aos recursos da Internet endereçados numericamente. Esta abstração permite que qualquer recurso seja transferido para uma localização física diferente na topologia de endereços da rede, globalmente ou localmente numa intranet. Essa mudança exige normalmente a alteração do endereço IP de um recurso e a correspondente tradução desse endereço IP de e para o seu nome de domínio.

PORTAL

Portal é um termo, geralmente sinónimo de porta de entrada, para um sítio da World Wide Web que é ou se propõe ser um dos principais sítios de partida para os utilizadores quando estes se ligam à Web ou que os utilizadores tendem a visitar como sítio âncora. Existem portais gerais e portais especializados ou de nicho. Alguns dos principais portais gerais incluem Yahoo, Excite, Netscape, Lycos, CNET, Microsoft Network e AOL.com da America Online. Exemplos de portais de nicho incluem Garden.com (para jardineiros), Fool.com (para investidores) e SearchNetworking.com (para administradores de rede).

Alguns grandes fornecedores de acesso oferecem portais para a Web aos seus próprios utilizadores. A maioria dos portais adoptou o estilo Yahoo de categorias de conteúdo com uma página de texto intensivo e de carregamento mais rápido que os visitantes considerarão fácil de utilizar e de regressar. As empresas com sítios de portais têm atraído muito interesse dos investidores na bolsa, porque os portais são vistos como capazes de atrair grandes audiências e números de espectadores de publicidade.

1) O termo espaço do portal é utilizado para designar o número total de sítios importantes que concorrem para ser um dos portais.

2) Nos jogos de fantasia, na ficção científica e em algumas filosofias da "Nova Era", um portal é uma porta de entrada para outro mundo do passado, presente ou futuro, ou para uma consciência alargada.

3) No desenvolvimento de gráficos 3-D, a renderização de portais é uma técnica que aumenta o efeito de realismo e acelera a apresentação.

CONCLUSÃO:

Esta Unidade aborda os conceitos de Internet, Navegadores Web, Páginas Web, Sítios Web,

Correio Eletrónico, URLs e Portais.

PERGUNTAS DE REVISÃO:

1. Que programa nos coloca na Internet?
2. Para que sítio Web é encaminhado quando abre um browser pela primeira vez?
3. Onde se encontra o programa de navegação depois de abrir uma página Web?
4. Onde está localizada a barra de título?
5. Dar alguns exemplos de protocolos.
6. Qual é o motor de pesquisa mais utilizado?
7. Qual é a expansão do W3C?
8. Escrever uma breve nota sobre os motores de busca.
9. Apresentar uma breve descrição dos portais
10. Discutir a Internet e a WWW.
11. Explicar com exemplos adequados as aplicações da Internet.

CAPÍTULO II

CONCEITOS DE HTML

OBJECTIVO

Introduzir os aspectos de conceção da página World Wide Web e do HTML, uma vez que o HTML é a ferramenta para a conceção de uma página Web.

História do HTML

A semente do HTML foi lançada pela IBM no início da década de 1980. Pretendiam criar um sistema de documentação em que fosse possível marcar o título, o cabeçalho, os parágrafos e as selecções de tipo de letra. Chamaram-lhe General Mark-up Language (GML). Em 1986, a International Standardising Organization (ISO) adoptou este conceito e normalizou-o como Standard Generalised Mark-up Language (SGML). Em 1989, Tim Berners Lee e a sua equipa no Laboratório Europeu de Física de Partículas (CERR) conceberam a forma atual da linguagem de documentação e chamaram-lhe HTML.

Gerações HTML

A versão mais antiga do HTML chama-se HTML 0 e pode ser lida como HTML versão 0 ou HTML nível 0. O HTML 1 é uma atualização do HTML 0. Tem novas etiquetas para realçar um texto e mostrar imagens. Em HTML 2, foram introduzidas caixas de edição, caixas de listagem e botões. No HTML 3, foram incluídos procedimentos flexíveis de tratamento de figuras. Também suporta equações matemáticas, fórmulas, uma área de banner e tem várias outras caraterísticas interessantes. Também facilita a formulação de tabelas.

Noções básicas de HTML

Depois de instalar um editor HTML e configurar uma pasta, estamos prontos para começar a criar a nossa página. Comece por criar um ficheiro chamado index.htm ou index. html, que será a sua página inicial. Todos os servidores na Internet procuram um ficheiro de índice se nenhum ficheiro for especificado. Por exemplo, quando se escreve http://www.computerhope.com, o servidor está a aceder a http://www.computerhope.com/index.htm.

```
<html>
<head>
<title>A minha primeira página Web</title>
</head>
<body>
O conteúdo da sua página Web fica aqui
</body>
</html>
```

O código acima é um exemplo muito básico do código que ajuda a compor cada página da Web. Como pode ver, a secção começa com <html>, que define que tudo dentro de <html> é código HTML. A seguir, temos <head>, que define o título do documento HTML. Em terceiro lugar, temos a secção <title> dentro de <head>, que intitula a página que está a ser mostrada. Finalmente, a secção <body> contém o que é apresentado na página Web.

Como pode ver ao olhar para o código acima, vai perceber que os comandos HTML básicos são bastante simples de usar. Primeiro, começamos com <center>; isto diz ao browser para centrar a informação dentro destas etiquetas. Em seguida, a instrução <h1> ou heading one, que diz ao navegador para exibir o texto no título maior. A seguir, a etiqueta <hr> diz ao browser para apresentar uma linha a direito no ecrã. A terceira linha contém <br>, que cria uma quebra na página. Em seguida, o <p> é a abreviação de "parágrafo" e ajuda a separar o texto na página. A seguir, a etiqueta <b> é a abreviatura de negrito e coloca em negrito o texto contido na etiqueta. Na secção seguinte, o <ul> inicia uma lista de marcadores e cada marcador é representado pela etiqueta <li>. Por último, a etiqueta "a href" é um método para criar uma ligação para outra localização.

Introdução ao HTML: Projetando uma página inicial

A primeira página de um sítio Web chama-se página inicial. A página inicial é como a sala de estar da nossa casa ou a área de receção de um escritório. Normalmente tem o logótipo da empresa, com um fundo agradável, com vários textos quentes. O acrónimo de Hyper-Text Mark-up Language é HTML. É uma linguagem de documentação para marcar os cabeçalhos, o título, as tabelas, etc. É uma linguagem universal para conceber uma página Web estática. É independente da máquina e todos os navegadores da Internet aceitam o código HTML.

- O hipertexto é simplesmente um pedaço de texto que funciona como uma ligação.
- A linguagem de marcação é uma forma de escrever informações de apresentação em documentos.

Basicamente, um documento HTML é um ficheiro de texto simples que contém texto e nada mais.

Quando um browser abre um ficheiro HTML, este procura códigos HTML no texto e utiliza-os para alterar o esquema, inserir imagens ou criar ligações a outras páginas.

Uma vez que os documentos HTML são apenas ficheiros de texto, podem ser escritos mesmo no editor de texto mais simples. **Exemplo**

```
<! DOCTYPE html>
<html>
<head>
<title>Título da página</title>
</head>
<body>
<h1>O meu primeiro título</h1>
<p>O meu primeiro parágrafo.</p>
</body>
</html>
```

A Linguagem de Marcação de Hipertexto (HTML) é o principal componente da criação de um sítio Web. A HTML é uma linguagem de marcação muito básica e requer a memorização de algumas dezenas de comandos HTML que estruturam o aspeto e a disposição de cada uma das páginas Web. Antes de escrever qualquer código HTML ou de conceber a primeira página Web, temos de escolher um editor HTML ou um editor de texto como o Notepad ou o WordPad.

Etiquetas HTML

As etiquetas HTML são palavras-chave (nomes de etiquetas) rodeadas por parênteses angulares:

<tagname>conteúdo</tagname>

- As etiquetas HTML vêm normalmente em pares como <p> e </p>
- A primeira etiqueta de um par é a etiqueta de início, a segunda etiqueta é a etiqueta de fim
- A etiqueta final é escrita como a etiqueta inicial, mas com uma barra antes do nome da

etiqueta

DOCUMENTO HTML

Utilizando HTML, podemos criar páginas Web estáticas. Cada documento HTML tem as duas secções seguintes:

- Cabeça
- Corpo

O cabeçalho começa com a tag <HEAD> e termina com a tag </HEAD>. Na secção do cabeçalho, o título é o item mais importante. O título começa com <TITLE> e termina com </TITLE>. O corpo começa com <BODY> e termina com </BODY>. O Heading pode ser criado com as tags H1, H2, , H6. H1 cria um título grande. H2 torna-o mais pequeno e H3 torná-lo ainda mais pequeno, e assim por diante. Por exemplo, se quisermos que "Bharathidasan University" apareça como um título grande, escrevemos

<h1> **UNIVERSIDADE DE** BHARATHIDASAN</h1>

O resultado será o seguinte

UNIVERSIDADE DE BHARATHIDASAN

Todos os documentos HTML devem começar com uma declaração de tipo: <!DOCTYPE html>. O documento HTML propriamente dito começa com <html> e termina com </html>. A parte visível do documento HTML está entre <body> e </body>.

Exemplo

```
<!DOCTYPE html>
<html>
<body>
<h1>O meu primeiro título</h1>
<p>O meu primeiro parágrafo.</p>
</body>
</html>
```

Seguem-se mais algumas etiquetas.

<!	Comentários
 	Quebra de linha
<p>	Iniciar um novo parágrafo
<pre> </pre>	Texto pré-formatado
<b></b>	Rosto ousado
<u> </u>	Sublinhar
<I> </I>	Itálico
<tt> </tt>	Tipo de letra para máquina de escrever
<ol> </ol>	Lista ordenada
<ul> </ul>	Lista não ordenada
<li> </li>	Um item de lista

Navegadores Web

O objetivo de um navegador Web (Chrome, IE, Firefox, Safari) é ler documentos HTML e apresentá-los. O browser não apresenta as etiquetas HTML, mas utiliza-as para determinar como apresentar o documento:

Versões HTML

Desde os primórdios da Web, tem havido muitas versões de HTML:

VersãoAno

HTML1991

HTML 2. 01995

HTML 3. 21997

HTML 4. 011999

XHTML2000

HTML52014

Visualizar o sítio Web

Abra o browser do computador e escreva a localização da sua página Web. Por exemplo, se tiver colocado o ficheiro index.htm ou index.html na pasta da página Web, deve escrever no browser c:\webpage\index.htm ou c:\webpage\index.html se estiver a utilizar um computador compatível com IBM. Se tiver o Microsoft Windows ou a Apple, também pode fazer duplo clique no ficheiro da página Web para que este se abra automaticamente num programa de navegação.

Exibir imagens

Existem dois métodos de apresentação de imagens na sua página Web. O primeiro método consiste em estabelecer uma ligação a outro sítio Web para apresentar as imagens, utilizando o código abaixo.

<img src="http://www.computerhope.com/logo.gif" alt="logótipo">

Utilizando a etiqueta HTML acima, pode apresentar imagens de outros sítios Web, o que também se chama uma ligação direta. O método alternativo e recomendado seria utilizar o código abaixo.

<img src="mypic.gif" alt="A minha fotografia">

Se o mypic.gif existir no computador, a imagem é mostrada no seu sítio Web. A adição de imagens é uma excelente forma de embelezar o sítio Web.

Cabeçalhos HTML

Os títulos HTML são definidos com as etiquetas <h1> a <h6>:

Exemplo

<h1>Isto é um título</h1>

<h2>Isto é um título</h2>

<h3>Isto é um título</h3>

Parágrafos HTML

Os parágrafos HTML são definidos com a etiqueta <p>:

Exemplo

<p>Isto é um parágrafo.</p>

<p>Este é outro parágrafo.</p>

Imagens HTML

As imagens HTML são definidas com a etiqueta <img>.
O ficheiro de origem (src), o texto alternativo (alt) e o tamanho (largura e altura) são fornecidos como atributos

Exemplo

<img src="w3schools.jpg" alt="W3Schools. com" width="104" height="142">

ETIQUETA DE ANCORAGEM

Uma âncora é um pedaço de texto que marca o início e/ou o fim de uma ligação de hipertexto. Quando uma página é mostrada, algumas das suas palavras podem necessitar de mais explicações. Essas palavras são designadas por texto quente e aparecem com uma cor diferente. Quando o cursor é movido para o texto quente, aparece um símbolo de mão. Quando clicamos nele, abre-se outro ficheiro HTML que terá a explicação necessária. O texto entre a etiqueta de abertura e a etiqueta de fecho é o início ou o destino (ou ambos) de uma hiperligação.

Por exemplo, se um texto de atalho "St. Xavier's College" for criado com um documento HTML, college.html, temos de escrever

<ahref="college.html"> Colégio de São Xavier</a>

Por exemplo, um ficheiro HTML Xavier.Html, é mostrado abaixo. Contém pormenores sobre o Dr. C. Xavier <html>

<head>
<título>Xavier</titulo>
</head>
<body>
<h1>Dr.C.Xavier<h1>
<hr>

Os atributos da etiqueta de ancoragem são os seguintes

HREF

OPCIONAL. Se o atributo HREF estiver presente, a âncora é um texto sensível: o início de uma ligação. Se o leitor selecionar este texto, ser-lhe-á apresentado outro documento cujo endereço de rede é definido pelo valor do atributo HREF . O formato do endereço de rede é especificado noutro local. Isto permite que a forma HREF="#identifier" se refira a outra âncora no mesmo documento. Se a âncora se encontrar noutro documento, o atributo é um nome relativo, relativo ao endereço do documento (ou ao endereço de base especificado, caso exista).

@@NOTE:

Isto refere-se à especificação URI, que não abrange os endereços relativos. Não há especificação de como distinguir endereços relativos de endereços absolutos.

NOME

OPCIONAL. Se estiver presente, o atributo NAME permite que a âncora seja o destino de uma ligação. O valor do atributo é um identificador para a âncora. Os identificadores são cadeias arbitrárias mas devem ser únicos dentro do documento HTML. Outro documento pode então fazer uma referência explícita a esta âncora, colocando o identificador a seguir ao endereço, separado por um sinal de hash.

@@NOTE:

Esta caraterística é representável em SGML como um atributo ID, se restringirmos os identificadores a nomes SGML.

REL

FACULTATIVO. Um atributo REL pode indicar a(s) relação(ões) descrita(s) pela ligação de hipertexto. O valor é uma lista de valores de relações separada por vírgulas. Os valores e a sua semântica serão registados pela autoridade de registo HTML. A relação por defeito, se não for indicada nenhuma outra, é void. REL não deve estar presente a menos que HREF esteja presente.

REV

OPCIONAL. O mesmo que REL , mas a semântica do tipo de ligação é no sentido inverso. Uma ligação de A para B com REL="X" exprime a mesma relação que uma ligação de B para A com REV="X". Uma âncora pode ter ambos os atributos REL e REV.

URN

OPCIONAL. Se presente, especifica um número de recurso uniforme para o documento.

TÍTULO

OPCIONAL. Este campo tem um carácter meramente informativo. Se estiver presente, o valor deste campo deve ser igual ao valor do TITLE do documento cujo endereço é indicado pelo atributo HREF.

MÉTODOS

OPCIONAL. O valor deste campo é uma cadeia de caracteres que, se presente, deve ser uma lista separada por vírgulas de MÉTODOS HTTP suportados pelo objeto para utilização pública. Todos os atributos são opcionais, embora um dos atributos NAME e HREF seja necessário para que a âncora seja útil.

Exemplo de utilização:

Por exemplo, se um texto de atalho "St. Xavier's College" for criado com um documento HTML, college.html, devemos escrever <ahref="college.html"> St. Por exemplo, um ficheiro HTML Xavier.Html é mostrado abaixo. Contém pormenores sobre o Dr. C. Xavier

<html>
<head>
<título>Xavier</titulo>
</head>
<body>
<h1>Dr.C.Xavier<h1> <hr>

O Dr. C. Xavier trabalha como professor catedrático de informática no <a href="college.html"> St Xavier's College </a> Palayamkottai. Palayamkottai e Tirunelveli são consideradas cidades gémeas do famoso <a href = "district.html"> distrito de Tirunelveli Kattabomman </a>.
 </body>
</html>

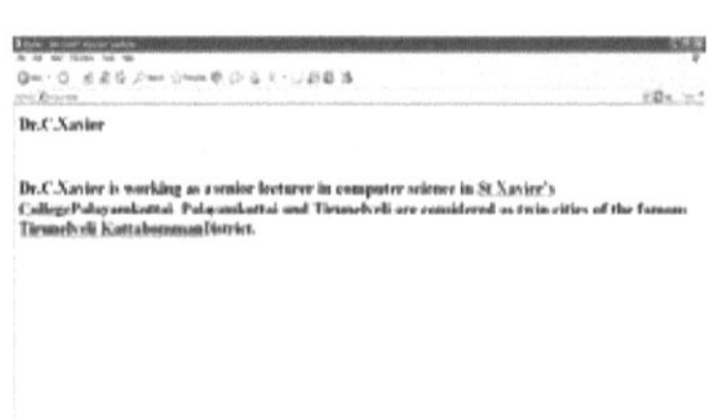

Quando este ficheiro é aberto num navegador da Internet, obtém-se a seguinte imagem.

Primeira página Web

HYPER LINKS

Quando clicamos num texto quente, abre-se outro documento HTML. É assim que ligamos dois textos. A isto chama-se hiperligação. Se o sítio Web tiver várias páginas, é possível definir hiperligações dentro do mesmo documento Web. Neste caso, temos de definir um nome de destino da seguinte forma.

<a name = comp></a>

Neste caso, foi definida uma identificação chamada COMP utilizando a etiqueta de ancoragem <A>. A isto chama-se a identificação de uma localização. Noutra parte do documento, podemos especificar um hot text da seguinte forma.

<A href="#COMP"> CIÊNCIA DA COMPUTAÇÃO </A>

Quando se clica no texto quente "informática", o cursor salta para o local com a identificação COMP.

Exemplo

Considerou o seguinte documento HTML.

<html>

<head>

<title>

<Colégio de São Xavier>

</title>

</head>

<body>

<   h1> Colégio de São Xavier</h1>

A <a href ="#comp">ciência informática </a> está a prestar um serviço louvável à sociedade.

<   um nome = comp> </a>

<   h4> departamento de informática</h4>

O departamento oferece

<   /body>

O documento HTML apresentado acima é um documento único <a name=comp></a> que define uma identificação do local. O texto de atalho "informática" recebe uma ligação de atalho para este local.

A identificação da localização também pode ser definida na etiqueta <br> ou <h1> ou em qualquer etiqueta de cabeçalho ou semelhante. Por exemplo, no exemplo acima, a identificação do local foi definida como:

<a name = comp> </a>

<h4> departamento de informática</h4>

Em vez do código acima, podemos simplesmente escrever:

<h4 id = comp> departamento de informática</h4>

Da mesma forma, também podemos escrevê-lo como um atributo de uma etiqueta break. <br id =comp>

Exemplo

Considere o seguinte documento HTML.

<head>

<title> informações turísticas de tamilnadu </title>

<body>

Tamilnadu tem pontos turísticos muito interessantes nos seguintes locais.

<ul>
<li><a href="#maha">Mahabalipuram</a>
<li><a href="#Kodai">Kodaikkanal</a>
<li><a href="#OOty">Ooty</a> <h4 id = maha> Mahabalipuram </h4>
<h4 id = Kodai>Kodaikkanal </h4>
<h4 id = OOty>Ooty </h4>
</body>

EXEMPLOS DE DOCUMENTOS HTML

<html> <head>
<title> Prakash</title>
<!este ficheiro foi criado pelo próprio Sr. Prakash no seu computador multimédia Pentium>
</head>
<body>
<h1>K.P.Rathina Prakasam</h1>
<hr>

K.P.Rathina Prakasam é um homem de negócios. É o sócio-gerente da <a href = "Nataraja stores.html">M/s Nataraja Stores </a>Palayamkottai. A sua empresa dedica-se ao comércio de ferragens e tintas. A empresa lida com a venda por grosso e a retalho de materiais de construção de qualidade, incluindo <a href = "Berger Paints.html"> Berger Paints</a> a preços razoáveis e competitivos para os clientes.

</body>
</html>

Quando este documento é aberto na Web. Aparece como mostra a figura seguinte

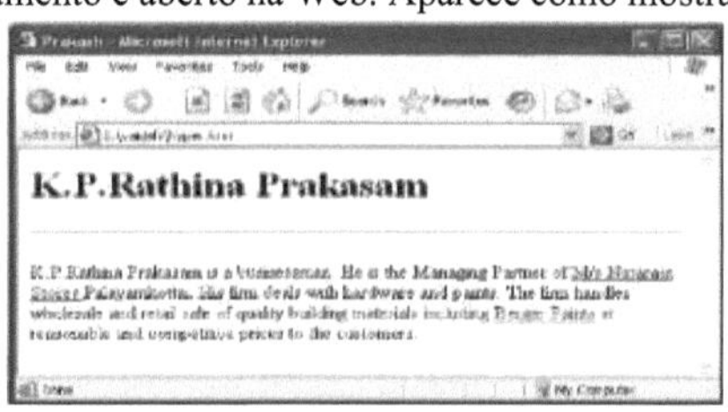

Lojas Nataraja.html

<html> <head>
<title>lojas Nataraja</title>
</head> <body>
<h2>Lojas Nataraja</h2>
<hr>
M/s Nataraja Stores está situada em 239, Tiruchendur Road, Palayamkottai. A empresa foi criada no ano de 1982. Esta empresa é muito popular devido à sua boa vontade em termos de materiais de construção fiáveis e de boa qualidade a preços razoáveis. A empresa irmã, M / s A.M.A.A.T. Nataraja Nadar Shining Stores, Tirunelveli Junction, foi criada em 1947, o ano da independência da Índia.

</body>
</html>
Quando este documento é aberto na Web. Aparece como mostra a figura seguinte

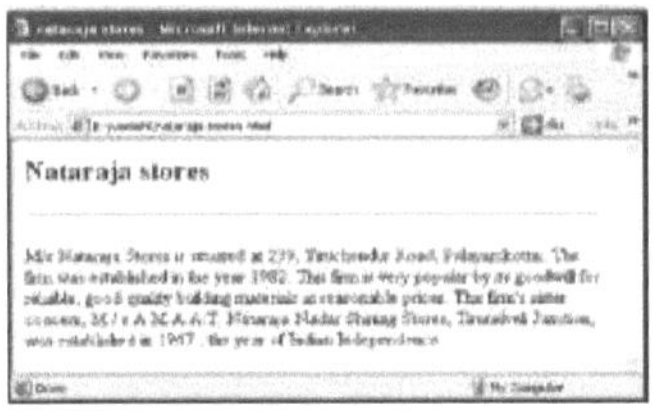

SECÇÃO DA CABEÇA E DO CORPO

SECÇÃO DE CABEÇALHO

Todos os documentos HTML têm de ter uma secção de cabeçalho que começa com a etiqueta <head> e termina com </head>. Seguem-se alguns componentes importantes da secção de cabeçalho.

- Título
- Prólogo
- Ligações

TÍTULO:

O título é o cabeçalho que aparece como título da janela. Ele é colocado entre as tags <title> e </title>.

Exemplo:

<html>
<head>
<TITLE>CENTRO DE BIODIVERSIDADE AQUÁTICA</TITLE>
</head>
<body>
<H1>CENTRO DE BIODIVERSIDADE AQUÁTICA</H2>
<hr>
O Centro de Biodiversidade Aquática é um centro de investigação do departamento de zoologia. Atualmente, há cinco investigadores a trabalhar neste centro. Um está a trabalhar na utilização de energia e na interação de várias espécies de peixes. Os outros quatro estão a trabalhar no efeito do pH baixo na fisiologia dos peixes de água doce.
</body> </html>
No documento acima, note-se que a telha foi apresentada na secção do cabeçalho como
<title> CENTRO DE BIODIVERSIDADE AQUÁTICA
</title>
Para que o título apareça na parte superior da janela

Exemplo

Para distinguir entre um título e um cabeçalho, é apresentado o seguinte documento HTML

<html>

<head>

<TITLE>CENTRO DE BIODIVERSIDADE AQUÁTICA</TITLE>

</head>

<body>

O Centro de Biodiversidade Aquática é um centro de investigação do departamento de zoologia. Atualmente, há cinco investigadores a trabalhar neste centro. Um está a trabalhar na utilização de energia e na interação de várias espécies de peixes. Os outros quatro estão a trabalhar no efeito do pH baixo na fisiologia dos peixes de água doce.

</body> </html>

Este é o mesmo documento HTML, mas o cabeçalho foi removido

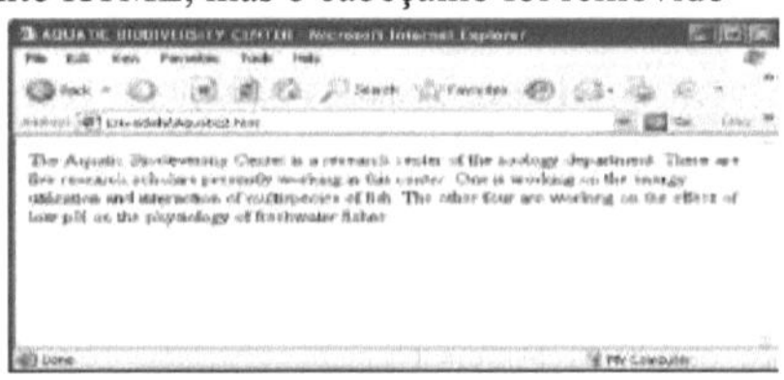

PRÓLOGO:

Um prólogo é apenas um comentário que pode indicar a versão HTML adoptada para preparar o documento. Um prólogo é apresentado da seguinte forma.

< ! Doctype HTML 3.0 >

LIGAÇÕES:

A etiqueta de ligação pode ser utilizada para os seguintes fins.

- Para informar o navegador do documento anterior
- Para informar o navegador sobre o próximo documento
- Para ligar o banner
- Para informar a localização do local do documento de base

Anterior e seguinte

O documento HTML pode ser colocado entre dois documentos HTML antigos utilizando uma etiqueta de ligação. Suponhamos que queremos atribuir um documento HTML "dept, html" como o documento anterior e "family.html" como o documento seguinte. Definimo-lo da seguinte forma.

<HEAD>

<TITLE> DR C.XAVIER </TITLE>

<LINK REL = PREVIOUS HREF = "DEPT.HTML">

<LINK REL= NEXT HREF="FAMIL.HTML">

</HEAD>

Se o definirmos desta forma, sempre que abrirmos este documento HTML utilizando um browser, o botão voltar da barra de ferramentas abre o documento dept.html e o botão seguinte abre o documento family.html.

<LINK REL= HOME HREF="FACULDADE.HTML">

A declaração acima atribui college.html para o botão home da barra de ferramentas.

Bandeira

Uma faixa é uma parte fixa da página que se mantém no ecrã quando se percorre o texto da página. O emblema de uma faculdade, o logótipo de uma empresa ou o nome de uma empresa podem ser um banner. O banner deve ser preparado como um documento HTML separado e deve ser ligado como um banner ao documento. Por exemplo, suponhamos que emblem.html é um documento HTML que mostra o emblema de uma faculdade. Podemos ligá-lo a um documento HTML na secção de cabeçalho da seguinte forma.

```
<HEAD>
<TITLE> DR C.XAVIER </TITLE>
<LINK REL = PREVIOUS HREF = "DEPT.HTML">
<LINK REL= NEXT HREF="FAMIL.HTML">
<LINK REL= HOME HREF="faculdade.html">
<LINK REL= BANNER HREF="emblem.html">
</HEAD>
```

Elemento de base

O elemento base na secção head informa o browser da localização onde todos os documentos base estão disponíveis. Isto é semelhante à definição do caminho num sistema operativo DOS. Suponhamos que definimos o seguinte na secção head

```
<BASE HREF ="http://www.xavier.edu">
```

A partir daqui, sempre que definirmos uma âncora, podemos simplesmente dar o nome do ficheiro do documento e o sistema pesquisará apenas na localização http://www.xavier.edu

PÁGINA WEB COLORIDA

As pessoas só apreciam qualquer coisa se ela for colorida e bem organizada. Uma página Web também pode ser colorida utilizando três atributos na etiqueta <body>. São eles

- Desenho de fundo
- Cor de fundo
- Cor do texto

Antecedentes

O fundo da página Web pode ser concebido utilizando qualquer imagem disponível em formato bmp ou gif. Suponhamos que especificamos o corpo da página utilizando a etiqueta <body> da seguinte forma

```
<body src= "acrade.bmp">
```

O fundo da página será revestido com a imagem "acrade.bmp"

Exemplo:1

```
<html> <head>
<title>ensaio de fundo</title>
</head>
<body background=" Flores.bmp">
<h1> Colégio de São Xavier<h1>
</body>
</html>
```

O resultado é apresentado na figura seguinte.

Exemplo:2

```
<html>
<head>
<title>ensaio de fundo</title>
</head>
<body background=" mm54.jpg">
<h1> Colégio de São Xavier<h1>
</body>
</html>
```

Cores

Qualquer cor é uma combinação de três cores básicas, nomeadamente:

- Vermelho
- Verde
- Azul

Em HTML, cada uma das cores acima referidas tem um grau de 00 a FF na forma hexadecimal. Assim, são permitidos 256 graus para cada cor básica (porque FF na forma hexadecimal é 255 na forma decimal e 0 a 255 dá 256 graus). Se atribuirmos as cores como:

Vermelho = FF(cheio)
Verde=00(vazio)
Azul=00(vazio)

Então a cor resultante é o vermelho. Assim, a cor vermelha tem a sua cadeia de cores "#FF0000". Uma cadeia de cores é obtida pelos graus das cores vermelho, verde e azul, precedidos pelo símbolo.

Assim, as sequências de cores são

#000000
#000001
#000002 #0000FF
#000100
#000200 #00FFFF
#010000
#FFFFFF

As cores básicas vermelho, verde e azul têm 256 graus cada, pelo que podemos criar 16.777

216 sequências de cores diferentes, uma vez que 256 X 256 X 256=16.777 216. A cadeia de cores é dada entre aspas duplas. O verde terá a cadeia de cores "#0000FF". As outras cores podem ser obtidas misturando corretamente as três cores e escolhendo a cadeia de cores. A tabela seguinte mostra as sequências de cores para algumas cores comuns.

Cordas de cor

1	Branco	255	¿33	¿33	⅛FFFFFF
2	Vermelho	255	0	C	=FFOOOO
3	Verde	0	¿33	0	SOOFFOO
4	Azul	0	0	255	SOOOOFF
5	Magenta	255	0	¿33	SFFOOFF
6	Ciano	0	¿33	255	=OOFFFF
7	Amarelo	255	¿33	C	SFFFFOO
8	Preto	0	0	0	=000000
9	Água-marinha	112	219	14?	S70DB93
10	Chocolate de padeiro	92	51	23	5C331711
11	Azul Violeta	159	95	159	9F5F9F
12	Latão	181	166	66	B5A642
13	Ouro brilhante	217	217	25	D9D919
14	Castanho	166	42	42	A62A2A
15	Bronze	140	120	83	8C7853
16	Bronze II	166	125	61	A67D3D
17	Azul Cadete	[illegible]	[illegible]	159	5F9F9F
1U	Cooi GBBS	217	135	25	D98719
19	Cobre	184	115	51	B87333
20	Coral	255	127	0	FF7F00
21	Azul-centáurea	66	66	111	42426F
22	Castanho escuro	92	64	51	5C4033
23	Verde escuro	47	79	47	2F4F2F
24	Verde escuro Cobre	74	118	110	47766E
25	Verde azeitona escuro	79	79	47	4F4F2F
26	Orquídea escura	153	50	205	9932CD
27	Feldspato	209	146	117	DI 9275
28	Tijolo refratário	142	35	35	8E2323
29	Verde floresta	35	142	35	[illegible]
30	Ouro	205	127	50	CD7F32
31	Paus de ouro	219	219	112	DBDB70
32	Cinzento	192	192	192	CÓCOCO
33	Cobre verde	82	127	118	527F76
34	Verde Amarelo	147	219	112	93DB70
35	Verde Caçador	33	94	33	[illegible]
36	Vermelho indiano	78	47	47	4E2F2F
37	Cáqui	159	159	95	9F9F5F
38	Azul claro	192	217	217	C0D9D9
39	Cinzento claro	168	168	168	A8A8A8
40	Azul aço claro	143	143	189	8F8FBD
41	Madeira clara	233	194	166	E9C2A6
42	Verde lima	50	205	50	32CD32
43	Laranja mandarim	228	120	51	E47833
44	Castanho	142	35	107	8E236B
45	Água-marinha média	50	205	153	32CD99
46	Azul médio	50	50	205	3232 CD
47	MédioVerde floresta	107	142	35	6B8E23
48	Paus-de-dourado médio	234	234	174	EAE AAE
49	Orquídea média	147	112	219	93 7 ODB
50	Verde-mar médio	66	111	66	420F42I
51	Azul médio do estado	127	0	255	7F0FF
52	Verde primavera Médio	127	255	0	7FFF0
53	Turquesa médio	112	219	219	70DBDB
54	Vermelho violeta médio	219	112	147	DB7093
55	Madeira média	166	128	100	A68064
56	Azul meia-noite	47	47	79	2F2F4F
57	Azul-marinho	35	35	142	2323SE
58	Azul néon	77	77	255	4D4DFF
59	Rosa néon	255	110	199	FF6EC7

Cor de fundo

A cor de fundo da página Web pode ser selecionada atribuindo a cadeia de cores ao atributo bgcolor da etiqueta body. Suponhamos que queremos que a cor de fundo da nossa página Web seja magenta. A cadeia de cores para magenta é "#FF00FF". Por isso, escrevemos a etiqueta <body> como <body bgcolor = "FF00FF">.

Cor do texto

A cor do texto na página Web pode ser selecionada atribuindo uma cadeia de cores ao atributo de texto da página Web. Suponhamos que queremos que o nosso texto apareça em cor-de-rosa. A cadeia de cores para o cor-de-rosa é "#BE8F8F", pelo que podemos atribuir uma cor ao atributo de texto na etiqueta <body> da seguinte forma: <body text = "#BE8F8F">

Cores das ligações

Na página Web, os textos quentes (ligações) aparecem numa cor diferente. Quando abrimos uma página Web, podem aparecer várias ligações numa página. Ao clicar no texto quente, visitamos o documento ligado. Para distinguir entre os links que já foram visitados (link visitado "vlink"), o link que estamos a visitar agora (link ativo "alink") e os que ainda não foram visitados ("link"), podemos atribuir três cores diferentes aos hot texts. Estas cores podem ser atribuídas utilizando os atributos link, alink e vlink da etiqueta body. Assim, uma etiqueta de corpo pode ser parecida com a seguinte.

```
<body bgcolor="#FF0000" text="#00FF00" link="#AAAA00" vlink="#AA00AA"
alink="#00AAAA">
```

Esta etiqueta de corpo define as cinco cores seguintes:

A cor de fundo é #FF0000"

A cor do texto é "#00FF00"

A cor da ligação é "#AAAA00"

A cor da ligação visitada é "#AA00AA"

A cor da ligação ativa é "#00AAAA"

LINHAS DE COMENTÁRIO

A linguagem de programação HTML tem a possibilidade de incluir linhas de comentário para referência do programador. O comentário não aparecerá na página web. Incluímos comentários utilizando o <! >. O formato geral é:

<! Comentário>

Exemplo

<! Este ficheiro foi criado pelo próprio Sr. X no seu próprio computador multimédia Pentium>

<! Esta parte ilustra o perfil do produto da empresa>

Alguns exemplos de documentos html

Nesta secção, são apresentados alguns exemplos de documentos HTML para referência. Os resultados também são mostrados para uma compreensão imediata dos códigos HTML.

Amostra 1

Considere o seguinte documento HTML

```
<html>
<head>
<title>lojas Nataraja</title>
</head>
<body bgcolor=#aabb00 text=##RR00FF background=" flowers.bmp">
<h2>Lojas Nataraja</h2>
<hr>
<br>
M/s Nataraja Stores está situada em 239, Tiruchendur Road, Palayamkottai. A empresa foi
criada no ano de 1982. Esta empresa é muito popular devido à sua boa vontade em termos de
materiais de construção fiáveis e de boa qualidade a preços razoáveis. A empresa irmã, M / s
A.M.A.A.T. Nataraja Nadar Shining Stores, Tirunelveli Junction, foi criada em 1947, o ano
da independência da Índia.
<br>
</body>
</html>
```

O resultado deste documento na página Web é apresentado a seguir.

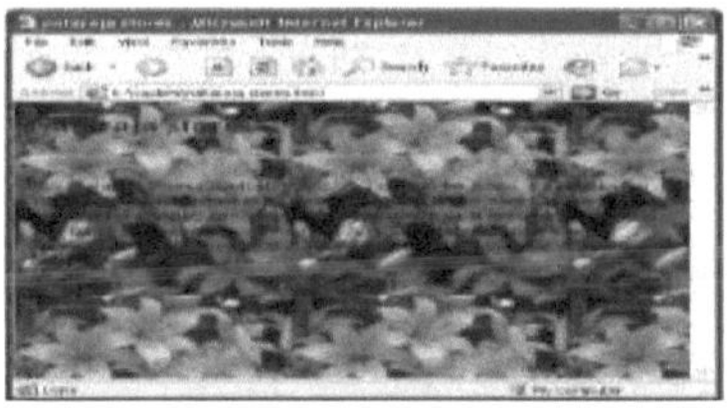

Uma página de amostra de um desenho de fundo

Amostra 2

Considere o seguinte documento HTML

<html> <head>

<title> Prakash</title>

<! este ficheiro foi criado pelo próprio Sr. Prakash no seu computador multimédia Pentium>

</head>

<body bgcolor=#yyff00ff text=##yy00gg>

<h1>K.P.Rathina Prakasam</h1>

<hr>

K.P.Rathina Prakasam é um homem de negócios. É o sócio-gerente da <a href = "Nataraja stores.html">M/s Nataraja Stores </a> Palayamkottai. A sua empresa dedica-se ao comércio de ferragens e tintas. A empresa lida com a venda por grosso e a retalho de materiais de construção de qualidade, incluindo <a href = "Berger Paints.html"> Berger Paints</a> a preços razoáveis e competitivos para os clientes.

</body> </html>

O resultado do documento HTML acima na Web é apresentado como mostra a figura

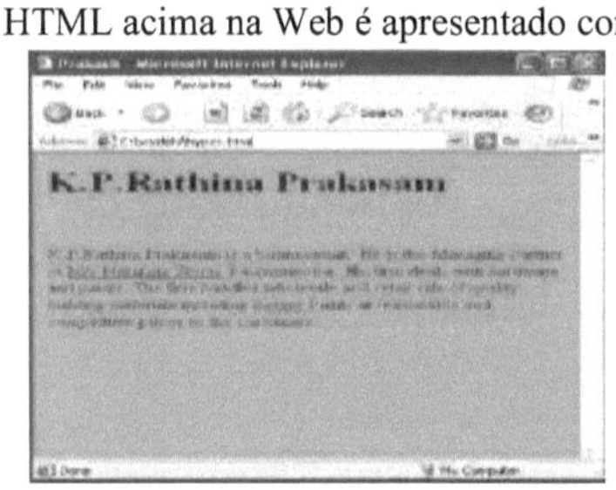

CONCLUSÃO

Esta unidade abrange os conceitos de conceção de uma página Web em HTML, documento HTML, Anchor Tag, secção do cabeçalho e do corpo, ligações do prólogo do título e linhas de comentário. Um grande número de exemplos foi fornecido para todos.

PERGUNTAS DE REVISÃO:

1. Elabore um texto de dois parágrafos sobre a sua casa. Neste parágrafo, mencione que a sua casa tem um jardim, uma sala de estar, dois quartos, etc. Elabore um documento HTML que apresente estes dois parágrafos de forma a que o mundo jardim, sala de estar, cozinha, etc., sejam textos de ambos os lados. Prepare documentos HTML "jardim .html" , "sala de estar.html", etc., para descrever as respectivas divisões. Na descrição, escreva sobre os

atributos da divisão. Por exemplo, se houver uma televisão na sala de estar, mencione esse facto de forma a que a televisão. A figura ilustra o formato de uma casa.

2. Desenvolva um documento HTML que mostre os seus nomes como um título <b1> e mostre o nome de quaisquer quatro dos seus amigos. Cada um dos nomes dos seus amigos deve ser um hot text. Quando se clica no nome de um amigo, deve abrir-se outro documento HTML, que fala sobre esse amigo.

3. Escreva os nomes de vários países num parágrafo e guarde-o como um documento HTML, "world.html". O nome de cada continente deve ser um texto a quente. Quando se clica na Europa, deve abrir-se um ficheiro chamado "Europa.html". Prepare também "Europe.html", "America.html", "Africa.html", "asia.html" e "Australia.html". Cada um dos documentos HTML deve apresentar uma breve introdução ao continente e listar alguns países importantes que o compõem. Cada país tem de ser um texto quente. Quando se clica na Índia (por exemplo), deve abrir-se "India.html".

4. Escrever uma nota sobre as combinações de cores e a conceção de cores utilizando as três cores básicas.

5. Explicar o prólogo e a sua utilização em documentos HTML.

1. Ilustrar a utilização da etiqueta <title> em documentos HTML.
2. Quais são as utilizações das etiquetas <meta> na secção do cabeçalho?
3. Explicar o método de atribuição de um desenho de fundo a um documento.
4. Qual é a utilidade do atributo text na etiqueta <body>?
5. Explicar os vários atributos da etiqueta <body>.
6. Conceber um documento que o descreva. Atribuir um desenho de fundo adequado, cor de fundo
7. e uma cor de texto.
8. Escrever uma nota sobre as faixas.
9. Escreva uma nota sobre os atributos da ligação na secção do cabeçalho.
10. Explicar o comentário Linhas com exemplos.

CAPÍTULO III

CONCEPÇÃO DA SECÇÃO DA CARROÇARIA

OBJECTIVO:

Descrever os aspectos de conceção da secção do corpo, cabeçalho, impressão, regra horizontal, etiquetas e lista

CONCEPÇÃO DA SECÇÃO DA CARROÇARIA

Impressão de cabeçalhos

H é o nome do elemento que significa "Heading" (título). Existem 6 níveis de títulos, sendo 1 o maior e 6 o mais pequeno. Os cabeçalhos são elementos de nível de bloco e, tal como a maioria dos outros elementos, um cabeçalho é composto por uma etiqueta de abertura, o conteúdo e uma etiqueta de fecho, pelo que o código HTML para um cabeçalho de nível 1 teria o seguinte aspeto

Exemplo 1

```
<h1> Este é um título H1</h1>
```

E aqui estão os 6 níveis de cabeçalho diferentes juntos

Exemplo 2

```
<h1>H1 - o maior título</h1>
<h2>H2 - mais pequeno do que H1</h2>
<h3>H3 - mais pequeno do que H2</h3>
<h4>H4 - mais pequeno do que H3</h4>
<h5>H5 - mais pequeno do que H4</h5>
<h6>H6 - o título mais pequeno</h6>
```

Exemplo 3

```
<  ! DOCTYPE html>
<html>
<head> .</head>
<body>
<  h1> </h1>
<  h2> </h2>
<  h3> </h3>
<  h4> </h4>
<  h5> </h5>
<  h6> </h1>
</body>
</html>
```

Comentários em HTML

Por vezes, é muito útil incluir comentários no código HTML, o que nos permite ter uma melhor visão da estrutura do nosso documento. Especialmente os documentos grandes podem tornar-se bastante confusos quando contêm muitos códigos diferentes. Os comentários também podem ser úteis para colocar instruções no código HTML de modelos de sítios Web, de modo a facilitar a compreensão da estrutura de um modelo pelo utilizador. Outras utilizações para os comentários são ocultar temporariamente conteúdos que não são apresentados nas nossas páginas Web

Um comentário começa com "<!--" e termina com "-->" e todo o seu conteúdo não é apresentado quando o documento é visualizado num browser. Um comentário pode conter basicamente qualquer texto e código, exceto " -- ".

< ! -- Eu sou um comentário -->

ALINHAMENTO DO TÍTULO

Atributo para <H# ...>

ALIGN = ESQUERDA | DIREITA | CENTRO | JUSTIFICAR

ALIGN alinha o cabeçalho à ESQUERDA, CENTRO ou DIREITA. LEFT é a predefinição.

< H1 ALIGN=LEFT>O meu currículo</H1>

< H1 ALIGN=CENTER>O meu currículo</H1>

< H1 ALIGN=RIGHT>O meu currículo</H1> produz

O meu currículo

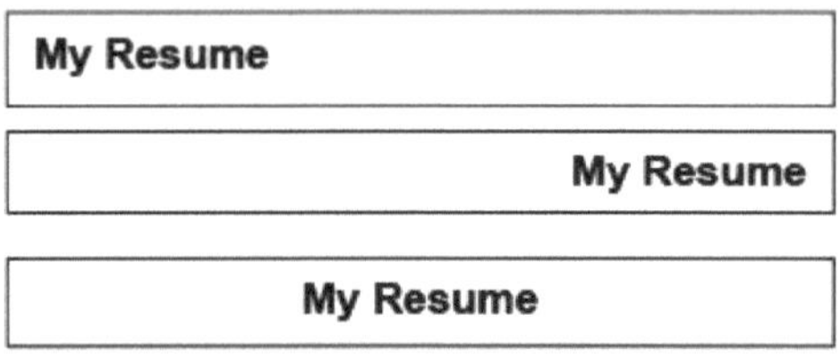

Existe um valor JUSTIFY, que só se aplica se o texto do cabeçalho for tão longo que tem de passar para a linha seguinte. Se isto acontecer, o seu cabeçalho é provavelmente demasiado longo:

<H1 ALIGN=JUSTIFY>Starflower's Wild Spectacular Awesome Wonderful Bitchin' Happenin' Cool Neat-o-Keen-o Superb Thunderous Sprightly Spry Magnificent Spunky Liberated Kind- Hearted Flowery Web Page! </H1>

Produz

Starflower's Wild Spectacular Awesome Wonderful Bitchin' Happenin' Cool Neat-o-- Keen-o Superb Thunderous Sprightly Spry Magnificent Spunky Liberated Kind-Hearted Flowery Web Page!

REGRA HORIZONTAL

As regras horizontais são linhas simples utilizadas para dividir diferentes partes de uma página Web. Para criar uma Regra Horizontal, é utilizado o elemento autónomo hr. A linha horizontal mais simples é formada por "< hr >", que cria uma linha com 100% de largura e 1 pixel de espessura. A cor predefinida é cinzento, o estilo predefinido é "groove" e o alinhamento predefinido é centrado.

Para alterar a espessura, o alinhamento, a largura e o estilo da regra horizontal, pode utilizar determinados atributos dentro da etiqueta hr, tais como size (para a espessura em pixéis), width (para o comprimento), align (para o alinhamento) e noshade (para o estilo). Estes atributos podem assumir os seguintes valores

alinhar: esquerda / direita / centro

tamanho: um número inteiro

largura: número inteiro ou percentagem

sem sombra: sem valores

Exemplo

<hr> <hr width="500" size="15">

<hr width="50%" align="left" size="5" noshade>

Escapando caracteres especiais

Há certos caracteres que têm funções especiais em HTML, por exemplo, os parênteses

angulares "<" (o sinal de "menor que") e ">" (o sinal de "maior que"), que são utilizados para as etiquetas HTML, e as aspas duplas ("), que são utilizadas para delimitar os valores dos atributos. Além disso, existem muitos caracteres especiais que não podem ser facilmente introduzidos num teclado, como os símbolos de direitos de autor ou de marca registada (© ® ™) e os caracteres que não podem ser expressos na codificação de caracteres do documento, por exemplo, moedas estrangeiras como o iene (¥) e o euro (€) ou letras estrangeiras (ç, ã, α, ω, β, δ).
Por isso, se quiser utilizar estes caracteres no seu texto, tem de os "escapar" (= codificar) utilizando as chamadas referências de entidades de caracteres, ou entidades para abreviar. As entidades são sensíveis a maiúsculas e minúsculas e assumem a seguinte forma: &entidade; (e comercial, nome da entidade e ponto e vírgula) Eis algumas das entidades mais utilizadas.

Entity in HTML	Displayed as
©	©
´	´
&	&
<	<
>	>
"	"

Há duas utilizações principais para a entidade de caracteres   (= espaço sem quebra). Tal como o nome indica, cria espaços em branco que impedem as quebras de linha. Assim, se tiver palavras no texto da sua página Web que não quer que sejam separadas porque isso afectaria negativamente o fluxo do texto, deve utilizar   entre essas palavras em vez de um espaço em branco normal.
Outra utilização é separar palavras individuais com mais do que apenas um espaço. Como já sabe, todos os espaços em branco e linhas em branco entre palavras individuais dentro do seu código HTML são fundidos num só pelos navegadores Web. Por isso, se tiver certos sítios onde gostaria de ter mais espaço em branco antes, atrás ou entre palavras, pode também utilizar uma ou mais ocorrências da entidade .

PARÁGRAFOS

A maior parte do texto da sua página Web será incorporado em parágrafos. Para este efeito, utilizará o elemento p. O exemplo abaixo mostra dois parágrafos.

Exemplo

<p>Isto é um parágrafo. Ele começa com uma tag de abertura, </p>
<p>Há sempre uma linha em branco entre dois parágrafos. </p>

Elementos para formatação de texto

Das diferentes opções de formatação de texto que tem, algumas básicas são efectuadas através da utilização de elementos especiais. Todos estes elementos são compostos por uma etiqueta de abertura, o conteúdo a ser formatado e uma etiqueta de fecho. Pode ver os elementos mais frequentemente utilizados na tabela abaixo, os seus nomes, os seus efeitos no texto e o aspeto do código HTML para o exemplo de apresentação.

Nome	Exemplo de visualização	Código HTML
EM	*texto sublinhado*	<em>Texto sublinhado< 'em>
B	**texto a negrito**	<b>texto em negrito<√b>
I	*texto em itálico*	<ρ⅛texto de base<⅞>

И	texto sublinhado	<u>underlinedtext</u>
SUP	| ^5Up=IKftpt fex.: E=mc²	A<sup>superscript< sup> fex. : E=mc²
SUB	Asuhcftpt fex/H O_2	A_{subscrito} fex.: H<sub>2<⅛b>O
GREVE	~~atacar~~	<strike>strike-through<· strike>
TT	gravador de teletipo	<tt>teletipo writeK⅛t>
GRANDE	maior do que o normal	<big>maior do que</big> o normal
PEQUENO	mais pequeno do que o normal	<small>mais pequeno do queu</small> normal

Aninhamento correto de elementos

Antes de começar a experimentar os elementos acima referidos, deve aprender a "encaixar" corretamente diferentes elementos, ou seja, a escrever as etiquetas de abertura e fecho dos elementos HTML na ordem correta quando coloca vários elementos dentro de outros.

Abaixo estão duas linhas de código HTML. Na primeira linha, o elemento em linha B está corretamente aninhado dentro do elemento de nível de bloco P, os dois elementos em linha STRIKE e U estão corretamente aninhados dentro de B e o elemento em linha BIG está corretamente aninhado dentro de U. Embora a segunda linha seja um código HTML inválido, a maioria dos navegadores Web continua a apresentá-lo corretamente, como se pode ver no exemplo de visualização.

Exemplo

<p>Compre agora por <b><strike>37 $</strike> <u><big>apenas 19,95</big></u></b></p>

<p>Compre agora por <strike><b>37 $</strike> <big><u>apenas 19,95</b></u></big></p>

Isto é ilustrado na figura seguinte.

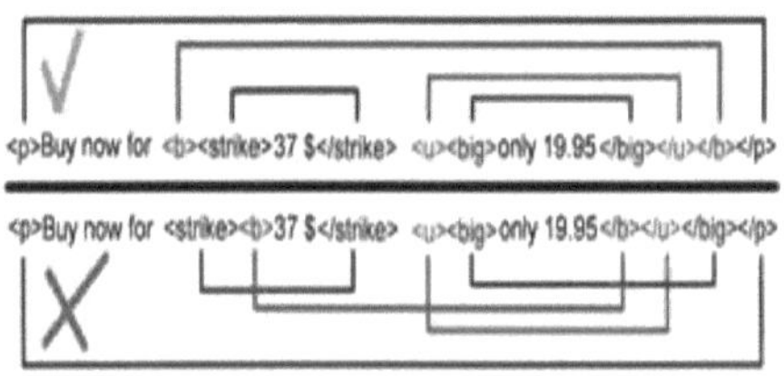

TABS

Separadores horizontais

Contexto permitido: %text

Modelo de conteúdo: Vazio!

O elemento TAB pode ser utilizado quando se pretende um controlo preciso sobre o posicionamento horizontal. O elemento TAB é usado com o atributo <tab id=name> para definir paradas de tabulação nomeadas. Posteriormente, pode utilizar o elemento TAB com o atributo <tab to=name> para se deslocar para a paragem de tabulação previamente definida. Esta abordagem evita a necessidade de conhecer antecipadamente as métricas do tipo de letra. O elemento TAB, juntamente com folhas de estilo, permite que o software de conversão preserve as informações de layout ao importar documentos criados com software convencional de processamento de texto.

Por exemplo:

<p><b>noct<tab id=t1>ambulant</b> - andar à noite
<tab to=t1>(do latim: <i>nox noctis</i> noite + i> ambulare </i> andar)

que se traduz por:

noctambulante - andar à noite (do latim: nox noctis noite + ambulare andar)

O nome da paragem de tabulação (t1 no exemplo) deve ser único no documento atual e composto por uma letra inicial seguida de letras, dígitos ou hífenes. Por vezes, pretende tornar o resto da linha alinhada à direita, deixando as palavras anteriores inalteradas. Isto é possível com o atributo align.

Por exemplo:

Parte esquerda da linha<tab align=right>e parte direita da linha que é apresentada como Parte esquerda da linha e parte direita da linha.

FORMATURAÇÃO

Formatação de caracteres

Na página Web, os caracteres podem ser colocados em negrito, itálico, etc., utilizando uma etiqueta html. Existem dois métodos de formatação de caracteres.

> Estilos lógicos

> Estilos físicos

> Os estilos lógicos informam o browser sobre o tipo de texto a apresentar.

Etiquetas de estilo lógico:

Tag	Meaning
<em>....< em>	Basic emphasis. Normally rendered in italics style
<strong>.....< strong>	Strong emphasis. Normally rendered in bold style
<dfn>......< dfn>	Defining instance of the enclosed term
<code>.....< code>	Extracts of program code
<samp>.....< samp>	Sample output from program.Scripts.etc
<kbd>.....< kbd>	Text to be typed by the user
<var>.....< var>	Variables or arguments to commands
<cite>.....< cite>	Citation or reference to other sources

Formato do estilo físico

As etiquetas de formato de estilo físico informam explicitamente o navegador sobre a forma como os caracteres devem ser apresentados. Negrito, itálico, etc. As etiquetas de estilo físico são apresentadas na tabela seguinte.

TAG	Meaning
<b>..............< b>	Boldface
<I>..............< I>	Italics
<tt>..............< tt>	Teletype or monospaced font
<u>..............< u>	Underline
<strike>............< strike>	Strikethrough
<sub>..............< sub>	Subscript
<sup>..............< sup>	Superscript
<big>..............< big>	Larger font size
<b>..............< small>	Smaller font size

As etiquetas <sub> e <sup> são utilizadas para representar fórmulas matemáticas e químicas.

Fórmula: Y =x2+y2+xasiny

Isto pode ser representado em HTML da seguinte forma.

Y=X²+Y²+X^{a soma}

Considere a expressão

Pnew = Pold+ x2 - yacosx

Aqui o código HTML é

P_{novo}= P_{antigo}+x²-y^{acosx}

Etiqueta de tipo de letra

A etiqueta font é utilizada para definir um tamanho de letra específico. Tem dois atributos: face e tamanho.

Exemplo

<font face = Arial size =25> Bem-vindo

<\font>

Isso faz com que a mensagem "Bem-vindo" apareça em Fonte Arial com Tamanho=25. Em Tamanho relativo, informe o browser para aumentar ou diminuir o tamanho habitual. Suponha que escrevemos

<font size=+3>Departamento de Informática <\font>

O título **"Department of Computer Science"** aparece num tamanho três vezes superior ao tamanho normal. Se o tamanho normal for 12 pontos, este texto aparecerá em 15 pontos.

Tipo de letra base

No início do documento, o tamanho padrão da fonte para toda a página pode ser selecionado usando a tag <basefont>. Por exemplo, considere a tag mostrada abaixo

<base font face= Arial size=16>

Esta declaração especifica Arial 16 pontos para todo o documento. Observe que o
A etiqueta <basefont> não tem uma etiqueta final correspondente, como </basefont>

Pré-formatação de texto

O texto sem qualquer alteração pode ser escrito utilizando o par de etiquetas <pre> <\pre>. O texto ou símbolo entre <pre> e </pre> aparece tal como está na página.

Caracteres especiais

Os caracteres especiais, como <, >, etc., podem ser incluídos na página Web utilizando códigos de escape que começam com o símbolo "E comercial" (&). O símbolo "E comercial" deve ser seguido da palavra-chave mnemónica para o símbolo. Alguns símbolos mnemónicos são apresentados no quadro seguinte. Em vez do código mnemónico, o código ASCII do símbolo também pode ser indicado no código HTML.

Mnemonic	Symbol	Description	Decimal
Lt	<	Less than	#60
GT	>	Greater than	#62
Amp	&	Ampersand	#38
AElig	AE	Capital AE diphthong	#198
O slash	Φ	Capital oh slash	#216
Quote	.	Single quote	#62
	€	Pound sign	#163
	©	Copyright sign	#169
	±	Plus or minus	#177
	¼	Quarter	#188
	½	Half	#189
	3/4	Three-quarters	#190

IMAGENS E FOTOGRAFIAS

O elemento img

Programa de exemplo

```
<!DOCTYPE html>
<html>
<head> . </head>
<body>
<img src= " "width=" "height=" "alt=" ">
</body>
</html>
```

O elemento <img>, como a maioria dos elementos, é um contentor. Não é uma imagem em si, mas um recetáculo para uma. Assim como o elemento p contém um parágrafo, o elemento img contém uma imagem. No entanto, fá-lo de uma forma completamente diferente. Em particular, a imagem é um ficheiro separado que é carregado no espaço criado pelo elemento img.

Existem três tipos de ficheiros de imagem utilizados em HTML, indicados por diferentes extensões de nome de ficheiro: .jpg, .gif e .png (também conhecidos como JPEGs, GIFs e PINGs). Observe que não há tag de fechamento. É um dos poucos elementos que não as utiliza.

```
<img src="images.jpg" class="flr" alt="Lago Atitlan, Guatemala" width="300" height="240">
```

O atributo "src" ou fonte indica ao navegador qual a imagem (ou seja, ficheiro de imagem) que vai na etiqueta e onde a pode encontrar. O atributo "alt" refere-se ao texto alternativo. Embora a "altura" e a "largura" não sejam obrigatórias, são altamente recomendadas.

O atributo align especifica o alinhamento da imagem. Os alinhamentos possíveis são apresentados no quadro seguinte.

Alinhamentos de imagens

Alignment	Effect
Align= "left"	The image in placed at the left edge of the page
Align= "right"	The image in placed at the right edge of the page
Align= "middle"	The image in placed at the middle of the page
Align= "top"	The image is aligned with the top of the tallest item on the line
Align= "text top"	The image is aligned with the top of the tallest item on the line
Align= "abs middle"	This align the middle of the current line with the middle of the
Align= "baseline"	image
Align= "bottom"	This align the middle of the base line with the middle of the
	image
	The image is aligned with the bottom of the tallest item on the
	line

No atributo source (fonte) existem duas formas de mostrar o que é conhecido como o "caminho" para o ficheiro de imagem:

O "caminho absoluto":

<img src="http://www.html-5-tutorial.com/images/atitlan.jpg" ...

O "caminho relativo":

<img src="images/atitlan.jpg" ...

Exemplo

<img src="../images/family.jpg" alt="foto de família">

<img src=".../images/baby.jpg" width="241" height="257" alt="fotografia de bebé" border="0">

<img src="../images/flowers.jpg" width="199" height="258" alt="flowers" border="0">

Imagens de baixa resolução

Sempre que a imagem indicada na etiqueta src é de alta resolução, o browser demora algum tempo a carregar o ficheiro de imagem. É possível mostrar uma imagem de baixa resolução até que a imagem de alta resolução seja carregada. Por exemplo, suponha que elephant.gif é um ficheiro de imagem de alta resolução. Podemos também criar outra imagem de um elefante como uma imagem de baixa resolução e chamar ao ficheiro elefantebaixo.gif. Agora podemos instruir o browser para mostrar primeiro o ficheiroelephantlow.gif e depois carregar e mostrar o ficheiro de alta resolução elephant.gif. Isto pode ser conseguido através do atributo lowsrc da etiqueta <img> da seguinte forma

<img src="elephant.gif" lowsrc="elephantlow.gif">

Especificar a largura e a altura

Embora src seja o único atributo verdadeiramente necessário na etiqueta <img>, alguns outros são fortemente recomendados. Os atributos width e height indicam simplesmente a dimensão do gráfico em pixéis, como por exemplo:

<IMG SRC="star.gif" WIDTH="50" HEIGHT="50">

Com esta informação, o browser pode desenhar a página antes de descarregar os gráficos. Sem os valores de largura e altura, a página pode ser redesenhada várias vezes (primeiro sem os gráficos no sítio, e de novo sempre que chegam novos gráficos). Vale a pena dedicar algum tempo a incluir informações exactas de largura e altura na etiqueta de imagem.

Redimensionar imagens

Se os valores especificados nos atributos de largura e altura forem diferentes das dimensões reais do gráfico, o navegador redimensiona o gráfico para corresponder às dimensões especificadas. Se especificar um valor percentual para largura e altura, alguns navegadores posteriores redimensionam a imagem para as proporções desejadas.

Dimensionar uma imagem com atributos de largura e altura

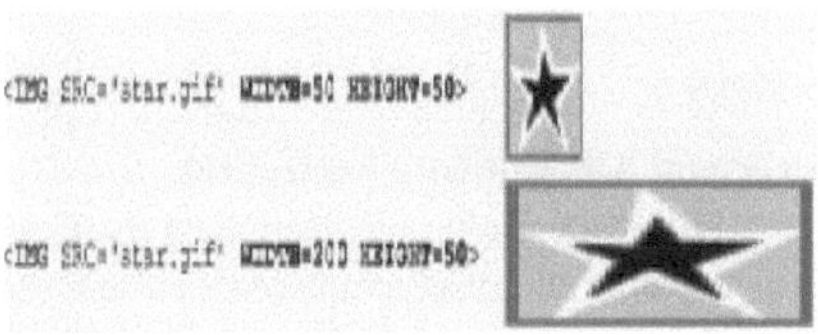

Embora este efeito possa certamente ser utilizado estrategicamente, como para redimensionar um gráfico de um só pixel para ocupar uma certa quantidade de espaço, normalmente apenas resulta numa imagem pixelizada e de fraca qualidade, como se pode ver na Figura acima É melhor redimensionar imagens num programa gráfico do que deixar isso ao critério do browser.

Utilizar a largura e a altura para pré-carregar imagens

O pré-carregamento de imagens refere-se aos métodos utilizados para descarregar imagens e armazená-las na cache antes de serem efetivamente apresentadas na página. Um truque para o pré-carregamento é colocar o gráfico numa página que será acedida primeiro (como uma página inicial), mas com os atributos de largura e altura definidos para um pixel. Isto faz com que a imagem seja descarregada com o resto da página, mas a única coisa que será visível é um ponto de um pixel (que pode ser escondido num local discreto).

<IMG SRC="bigpicture.gif" WIDTH="1" HEIGHT="1">

Idealmente, a imagem termina de ser descarregada sem problemas e é armazenada na cache do browser enquanto o utilizador ainda está a ler a primeira página. O gráfico deve então aparecer instantaneamente quando o utilizador se liga à página onde a imagem é apresentada em tamanho real.

Alinhamento vertical

O atributo align é utilizado para controlar a forma como o gráfico é posicionado em relação ao fluxo do texto. O alinhamento vertical controla a colocação do gráfico em relação aos pontos do texto circundante (normalmente a linha de base). O alinhamento predefinido é inferior, que alinha a parte inferior da imagem com a linha de base do texto circundante. A figura seguinte mostra o resultado do seguinte código sem definições de alinhamento vertical:

<P>Star light <IMG SRC="star.gif"> Star bright.</P>

Alinhamento predefinido (inferior) da imagem com o texto

Os valores universalmente suportados para o alinhamento vertical são o topo, o meio e a base. O Netscape Navigator introduziu outro conjunto (um pouco mais subtil), que foi depois adotado para suporte no Internet Explorer 4.0. Estes são absbottom, absmiddle, texttop e baseline (o mesmo que bottom). A figura seguinte demonstra os efeitos pretendidos de cada um destes valores de alinhamento. A realidade é ligeiramente diferente. O valor absbottom, por exemplo, parece renderizar o mesmo que bottom, mesmo no Navigator.

Valores de alinhamento vertical Alinhamento horizontal

O atributo align pode ser utilizado para alinhar um gráfico na margem esquerda ou direita da página, utilizando os valores left ou right, respetivamente. O que torna o alinhamento à esquerda e à direita especial é que, para além de colocar o gráfico numa margem, permite que o texto flua à sua volta.

A figura seguinte mostra como as imagens são apresentadas quando definidas para alinhar à esquerda ou à direita.

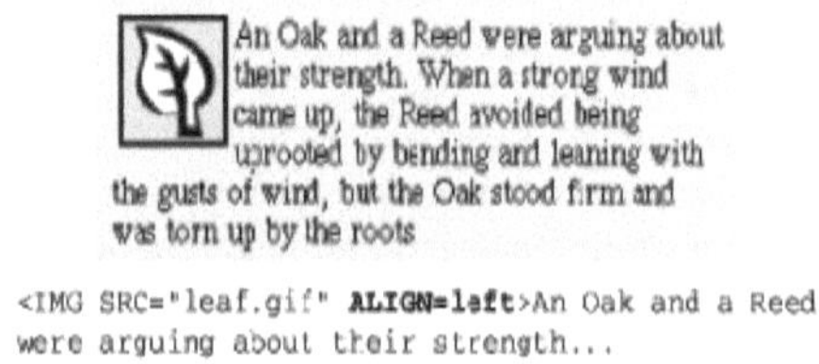

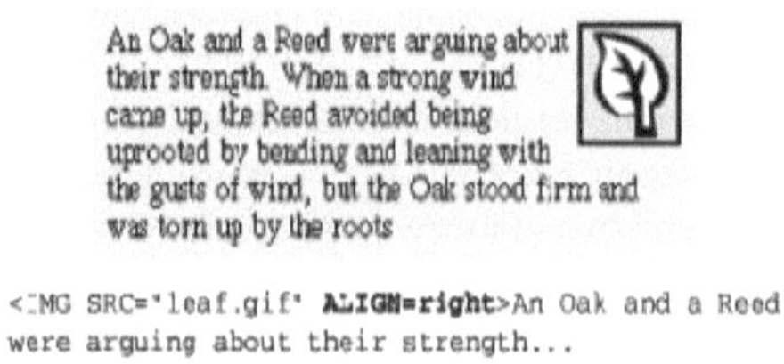

O texto envolve as imagens quando estas estão alinhadas à esquerda ou à direita

Alinhamento à direita sem quebra de texto

O uso do atributo align=right para colocar um gráfico contra a margem direita resulta automaticamente na quebra do texto em torno do gráfico. Se quiser movê-lo para a direita sem a quebra, coloque a imagem num parágrafo (<p>) e, em seguida, alinhe o parágrafo à direita, como mostrado aqui:

<P ALIGN="right">

<IMG SRC="leaf.gif" > </P><P>Um Carvalho e um Caniço estavam a discutir...</P>

Adicionar espaço à volta de imagens alinhadas

Quando o texto flui em torno de um gráfico, ele tende a esbarrar na borda do gráfico. Normalmente, é preferível ter um pequeno espaço entre o gráfico e o texto circundante. Em HTML, esse espaço é fornecido usando os atributos vspace e hspace dentro da tag <img>.

O atributo vspace (espaço vertical) contém um número especificado de pixels de espaço acima e abaixo de um gráfico alinhado. O espaço à esquerda e à direita é adicionado com hspace (espaço horizontal). Note que o espaço é sempre adicionado simetricamente (em cima e em baixo, ou em ambos os lados), e não é possível com estes atributos especificar uma quantidade de espaço ao longo de um lado particular do gráfico (pode, no entanto, fazê-lo com folhas de estilo). A figura seguinte mostra uma imagem alinhada com o atributo hspace definido para 12.

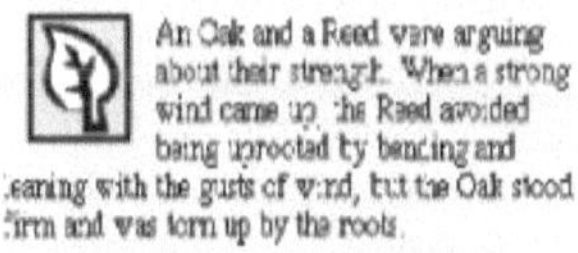

<IMG SRC="leaf.gif" ALIGN="left" **HSPACE=12**><P>An Oak and a Reed.

Alinhamento da imagem com espaçamento horizontal

Parar a quebra de texto

O texto é automaticamente enrolado para preencher o espaço ao longo da lateral de um gráfico alinhado (ou outro objeto em linha). Para impedir que o texto se envolva e iniciar a linha seguinte contra a margem (em vez de contra a imagem), insira uma etiqueta de quebra de linha (<br>) com o atributo clear.

O atributo clear dá ao browser indicações sobre onde colocar a nova linha. Ele tem três valores possíveis: esquerda, direita e tudo. Se o seu gráfico estiver alinhado à direita, insira <br clear=right> para iniciar o texto abaixo do gráfico contra a margem direita. Para gráficos alinhados à esquerda, use <br clear=left>. A tag <br clear=all> inicia o texto abaixo do gráfico em ambas as margens (veja a Figura abaixo), portanto, pode ser o único valor que você precisará.

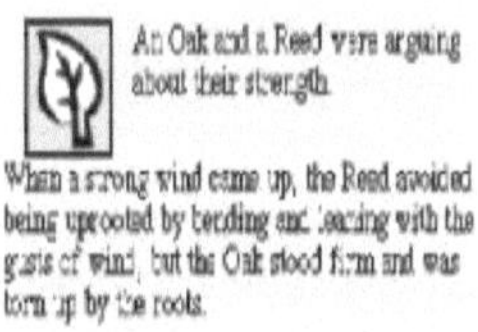

<IMG SRC="leaf.gif" ALIGN="left" HSPACE=12><P>An Oak and a Reed were arguing about their strength.<BR **CLEAR=all**>When a strong...

Rebordo para uma imagem

Para alterar o aspeto dos contornos das imagens, é necessário utilizar CSS (Cascading Style Sheets). Pode incluir CSS nas suas imagens utilizando o atributo style da etiqueta HTML img. Pode utilizar o código HTML nesta página para determinar os limites da imagem no seu documento HTML. Seguem-se alguns exemplos do que pode fazer com os limites de imagem HTML.

Rebordo sólido

img style="max-width:95%;border:3px solid black;" src="http:// www.quackit. com/pix/milford_sound/milford_sound_t.jpg" alt="Milford Sound na Nova Zelândia" /><div class="more-info">Mais informações: <a href="/html/ tags/html_img_tag.cfm" > Tag HTML <código> <img></código></a>, <a ref="/ html/ tutorial/ html_ images.cfm" >Imagens HTML</a>, <a href= "/css / properties/css_border.cfm">Propriedade CSS <code>border</code></a>.</div>

Borda pontilhada

<img style="max-width:95%;border:2px dotted #545565;" src = "http://www. quackit.com/pix/ milford_ sound/milford_ sound_t.jpg" alt="Milford Sound na Nova Zelândia" /><div class="more-info">Mais informações: <a href= "/html/ tags/html_img_ tag.cfm"> HTML <code> <img> </code> Tag</a>, <a href="/html /tutorial/html_images.cfm"> Imagens HTML</a>,<ahref="/css/ properties/css_ border.cfm">Propriedade CSS <code>border</code></a>.</div>

Rebordo ranhurado

<img style="max-width:95%;border:6px groove #545565;" src="http:// www.quackit. com /pix/ milford_sound/ milford_sound _ t.jpg "alt ="Milford Sound in NewZealand" />

Fronteira dupla

<img style="max-width:95%;border:6px double #545565;" src="http: //www. quackit.com /pix/ milford_sound /milford _sound_t.jpg" alt="Milford Sound na Nova Zelândia" />

Borda estriada

<img style="max-width:95%;border:6px ridge #545565;" src="http:// www.quackit.com / pix/milford_sound /milford_sound_t.jpg" alt="Milford Sound na Nova Zelândia" />

Borda tracejada <img style="max-width:95%;border:6px dashed #545565;" src="http:// www.quackit.com/pix /milford sound/ milford_sound_t.jpg" alt="Milford Sound na Nova Zelândia" />

LISTAS E RESPECTIVOS TIPOS

Introdução

As listas são outra ferramenta de formatação interessante para o conteúdo da nossa página Web.

Listas de definição

Uma lista de definições é normalmente utilizada para criar glossários e tem uma estrutura um pouco mais complexa do que as duas listas anteriores. O código básico de uma lista de definições é formado pelo elemento DL e pelo menos um par de elementos DT e DD.

DT significa Definition Term (termo de definição) e contém o termo a ser explicado e DD significa Definition Definition (definição) e contém a definição do termo. O conteúdo de DD é apresentado recuado relativamente ao conteúdo de DT.

DT pode conter apenas texto e elementos inline como B, I, U, SPAN, STRIKE. NÃO pode conter elementos a nível de bloco, como P e H1.

A DD pode conter texto, elementos em linha e pode também conter elementos a nível de bloco como P, H1, H2, OL, DL, TABLE. Isto permite que as listas de definições sejam aninhadas de forma complexa, mas não se preocupe com isso agora, pois provavelmente não terá qualquer utilização para listas de definições aninhadas.

Eis o código básico para uma lista de definições.

<dl>
<dt> </dt>
<dd> </dd>
</dl>

Se um termo tiver mais do que uma definição, pode também utilizar mais elementos DD após o elemento DT, um para cada definição separada:

<dl>
<dt> </dt>
<dd> </dd>
<dd> </dd>
</dl>

Os tipos de lista mais utilizados são:

- Lista não ordenada - utilizada para agrupar um conjunto de itens relacionados, sem uma ordem específica.
- Lista ordenada - Utilizada para agrupar um conjunto de itens relacionados, numa ordem específica.
- Lista de descrição - utilizada para apresentar pares nome/valor, tais como termos e respectivas definições, ou horas e eventos.

Cada um deles tem um objetivo específico e, por isso, não são permutáveis entre si.

Listas não ordenadas

As listas não ordenadas, ou listas com marcadores, são utilizadas quando um conjunto de itens pode ser colocado em qualquer ordem. Um exemplo é uma lista de compras:

- leite
- pão
- manteiga
- grãos de café

Estes itens fazem todos parte de uma lista, no entanto, pode colocá-los por qualquer ordem e a lista continuará a fazer sentido:

- pão
- grãos de café
- leite
- manteiga

Pode utilizar CSS para alterar o marcador para um dos vários estilos predefinidos, utilizar a sua própria imagem ou mesmo apresentar a lista sem marcadores - veremos como o fazer no artigo Estilizar listas e ligações.

Marcação de lista não ordenada

As listas não ordenadas utilizam um conjunto de etiquetas <ul></ul>, embrulhadas em muitos conjuntos de <li></li>:<code><ul>
<li>pão</li>
<li>Grãos de café</li>
<li>leite</li>
<li>manteiga</li>
</ul></code>

Listas ordenadas

As listas ordenadas, ou listas numeradas, são utilizadas para apresentar uma lista de itens que têm de ser colocados numa ordem específica. Um exemplo seriam as instruções de cozedura, que devem ser completadas para que a receita funcione:

1. Reunir os ingredientes
2. Misturar os ingredientes
3. Colocar os ingredientes num tabuleiro de ir ao forno
4. Cozer no forno durante uma hora
5. Retirar do forno
6. Deixar repousar durante dez minutos
7. Servir

Se os itens da lista fossem deslocados para uma ordem diferente, a informação deixaria de fazer sentido:

1. Reunir os ingredientes
2. Cozer no forno durante uma hora
3. Servir
4. Retirar do forno
5. Colocar os ingredientes num tabuleiro de ir ao forno
6. Deixar repousar durante dez minutos
7. Misturar os ingredientes

As listas ordenadas podem ser apresentadas com um de vários sistemas de numeração ou alfabéticos, ou seja, letras ou números. A predefinição na maioria dos browsers são os números decimais, mas existem mais opções:

Cartas

- Letras ascii minúsculas (a, b, c...)
- Letras ascii maiúsculas (A, B, C.).
- Grego clássico em minúsculas: (έ, ή, ί...)

Números

- Números decimais (1, 2, 3.)
- Números decimais com zeros à esquerda (01, 02, 03.)
- Algarismos romanos minúsculos (i, ii, iii.)
- Algarismos romanos maiúsculos (I, II, III.)
- Numeração georgiana tradicional (an, ban, gan.)
- Numeração arménia tradicional (mek, yerku, yerek.)

Mais uma vez, pode utilizar CSS para alterar o estilo das suas listas ordenadas.

Marcação de listas ordenadas

As listas ordenadas utilizam um conjunto de etiquetas <ol></ol>, envolvendo vários conjuntos de <li></li>:

```
<código><ol>
<li>Recolher os ingredientes</li>
<li>Misturar os ingredientes</li>
<li>Coloque os ingredientes num tabuleiro de ir ao forno</li>
<li>Cozinhar no forno durante uma hora</li>
<li>Remover do forno</li>
<li>Deixar repousar durante dez minutos</li>
<li>Servir</li>
</ol></code>
```

Listas não ordenadas (Bullet Lists)

Uma lista não ordenada é formada com o elemento UL e contém pelo menos um elemento LI. Assim, a forma básica de uma lista não ordenada seria.

```
<ul> <li> </li> </ul>
```

Eis um exemplo de uma lista não ordenada com algum conteúdo.

Exemplo

```
<p><b>1stPage2000</b> é o meu editor HTML gratuito favorito. Ele torna a criação de páginas da Web fácil e rápida porque ...</p> <ul>
<li>Ele usa cores diferentes para elementos HTML diferentes para que se tenha uma visão melhor da estrutura de um documento.</li>
<li>Ele tem teclas de atalho para a inserção rápida de tags.</li> <li>Eu posso usar trechos de código HTML pré-escritos.</li> <li>Ele tem uma referência HTML excelente e abrangente.</li>
<li>possui muitos assistentes para a inclusão rápida de tabelas, imagens, listas, ligações e outros elementos.</li>
</ul>
```

Listas ordenadas (Bullet Lists)

Uma lista ordenada é construída com o elemento OL e também com pelo menos um elemento de lista LI. Assim, o código básico para uma lista ordenada é o seguinte:

```
<ol>
<li> </li>
```

</ol>

Como já foi dito, uma lista ordenada utiliza números ordinais em vez de marcadores antes de cada item da lista. Segue-se um exemplo de uma lista ordenada.

<h1>Os dez mandamentos dos nativos americanos</h1>
<p> (autor desconhecido) </p>
<ol>
<li>Tratar a Terra e todos os que nela habitam com respeito.</li>
<li>Fique perto do Grande Espírito.</li>
<li>Considerar o impacto nas próximas seis gerações ao tomar decisões.</li>
<li>Trabalhar em conjunto para beneficiar toda a humanidade.</li>
<li>Ajudar e ser gentil sempre que necessário.</li>
etc ...</ol>

Atributos de tipo

Em vez de números, podemos ter letras A, B, C.... ou a, b, c.... etc., ou letras romanas na ordenação dos itens listados. Isto é especificado pelo atributo type na etiqueta <OL>. A seguir estão os símbolos usados no atributo type.

Symbols	Meaning
1	Numbers
A	Upper Case letters A, B, C....
a	Lower Case letters a, b, c...
I	Upper Case Roman Numerals I, II, III, ...etc
i	Lower Case Roman Numerals i, ii, iii....etc

Título numa lista

É possível introduzir um cabeçalho intermédio utilizando a etiqueta <LH> do HTML. Por exemplo, considere o seguinte texto A Universidade de Bharathidasan oferece os seguintes cursos:

Cursos regulares

- Matemática - Ciências biomédicas
- Comércio

Cursos de ensino à distância

- Licenciatura em Informática
- Mestrado em Ciências Informáticas
- B.C.A
- M.C.A

No texto acima, os cursos regulares e os cursos de ensino à distância são designados por rubricas enumeradas.

Assim, o código HTML pode ser escrito como Bharathidasan University oferece os seguintes cursos.

< UL> <LH> Cursos Regulares

< LI> Matemática
< LI> Ciências biomédicas
< LI> Comércio

< LH> Cursos de ensino à distância

< LI> Licenciatura em Informática

< LI> M.Sc Informática

< LI> B.C.A

< LI> M.C.A

 </UL>

LISTAS NESTA CAIXA

Um item de lista pode conter outra lista inteira - isto é conhecido como "aninhar" uma lista. É útil para coisas como tabelas de conteúdos, como a que está no início deste artigo:

1. Capítulo I
    - Secção Um
    - Segunda secção
    - Secção Três
2. Capítulo II
3. Capítulo III

A chave para o aninhamento de listas é lembrar que a lista aninhada deve estar relacionada com um item específico da lista. Para refletir isso no código, a lista aninhada está contida dentro desse item da lista. O código para a lista acima é mais ou menos assim:

<código><ol>
<li>Capítulo Um <ol>
<li>Secção 1</li>
<li>Secção 2 </li>
<li>Secção III </li>
</ol> </li>
<li>Capítulo Dois</li>
<li>Capítulo Três </li>
</ol></code>

Observe como a lista aninhada começa após o <li> e o texto do item da lista que a contém ("Capítulo Um"); em seguida, termina antes do </li> do item da lista que a contém. As listas aninhadas formam frequentemente a base dos menus de navegação de um sítio Web, uma vez que são uma boa forma de definir a estrutura hierárquica do sítio Web.

Teoricamente, pode agrupar tantas listas quantas quiser, embora na prática possa tornar-se confuso agrupar listas demasiado extensas. Para listas muito grandes, talvez seja melhor dividir o conteúdo em várias listas com cabeçalhos, ou mesmo dividi-lo em páginas separadas.

CONCLUSÃO:

Nesta unidade, os conceitos de conceção da secção da carroçaria e as técnicas pormenorizadas são explicados com exemplos adequados.

PERGUNTAS DE REVISÃO:

1. Como é que se alinham os títulos? Quais são os quatro tipos de alinhamentos? Dê exemplos.
2. Explicar a regra horizontal.
3. Quais são as etiquetas de estilo físico? Tabule-as.
4. Quais são as etiquetas de estilo lógicas? Tabule-as.
5. Explicar em pormenor a etiqueta de tipo de letra.
6. Enumere os caracteres especiais que podem ser incluídos na página Web.
7. Discutir o conceito de alinhamento de imagens.

8. Como criar um contorno para uma imagem. Explique com um exemplo.
9. O que é a Lista? Quais são os tipos?
10. Como é que se tem o cabeçalho na Lista?
11. Especificar o atributo type. Apresentar uma descrição pormenorizada das listas aninhadas.
12. Desenvolver um documento HTML para imprimir o seguinte

CARACTERÍSTICAS ESPECIAIS DO SISTEMA DE AQUECIMENTO SOLAR

- Sistema com garantia de 2 anos.
- Depreciação a 100% para os contribuintes.
- O investimento de capital é amortizado em 3-4 anos com poupanças de energia acumuladas.
- Necessidade de manutenção insignificante.
- Facilidades de empréstimo em condições favoráveis disponíveis no IREDA, IDBI e em bancos nacionalizados.
- A longa duração do sistema (15-20 anos) resulta numa enorme poupança de energia ao longo da vida.
- Fontes de energia não poluentes e não esgotáveis.

13. Escreva um documento HTML para imprimir o seguinte.

A família tem as seguintes comodidades.

1. Casa própria
- 2400 pés quadrados de área habitável
- Bungalow separado
- Barracão para automóveis disponível
2. Automóvel
- Carrinha Maruti Omni
- Número de registo TN 728195
- Modelo 1994
3. Fazenda
- Coqueiros
- 35 hectares
- Mangueiras

15) Escreva um documento HTML para imprimir o seguinte. A biblioteca tem as seguintes cassetes.

1.Cinema
- Bombaim
- Amo-te
- Louco Louco
- O Sol

2. Educação

- Matemática

1) Parte I. Geometria Analítica
2) Parte II. Cálculo
3) Parte III. Trigonometria

3. Culturais

- Música clássica

1) M.S. Subalakshmi
2) Sreenivasa Iyengar
3) Yesudas
4) Thiagaraja Bhagavathar

- Danças clássicas

1) Bharata Natyam
2) Kuchupudi
3) Bhangra

CAPÍTULO IV

QUADROS E FORMULÁRIOS

OBJECTIVO:

Esta unidade introduz conceitos de formulários que fornecem os meios para recolher informações de clientes Web. Também aborda as molduras, que permitem dividir a janela do browser em rectângulos mais pequenos, cada um dos quais pode apresentar um documento diferente. A última secção desta unidade aborda os formulários.

QUADROS

As tabelas são comuns em documentos impressos, livros e, claro, documentos da Web. As tabelas são uma forma muito eficaz de apresentar muitos tipos de informação. A tabela é uma excelente forma de apresentar informações, especialmente quando uma empresa pretende citar vários preços para os seus serviços ou produtos. Por exemplo, alguns sítios Web exigem que os utilizadores se inscrevam em diferentes níveis de adesão para poderem aceder a determinados conteúdos exclusivos. Podem apresentar aos utilizadores as caraterísticas distintas que cada nível tem para oferecer num formato de tabela. Dependendo do conteúdo, as tabelas podem ser boas para organizar muitos outros tipos de dados para uma maior clareza, para além dos preços. Criar uma tabela é fácil, mas organizar os dados num formato tabular fácil de compreender e com uma disposição apelativa é muitas vezes um desafio. A maioria de nós já se deparou com inúmeras tabelas na Internet, e algumas delas podem ter um aspeto bastante simples, sem qualquer design ou com um design mínimo.

Uma tabela é uma matriz de células. As células da linha superior contêm frequentemente etiquetas de coluna, as da coluna mais à esquerda contêm etiquetas de linha e a maioria das restantes células contém os dados da tabela. O conteúdo de uma célula pode ser praticamente qualquer elemento do documento, incluindo texto, um título, uma regra horizontal, uma imagem e uma tabela aninhada.

Componentes do quadro:

- Legenda do quadro
- Linha do título do quadro
- Linhas e colunas

Exemplo:

Last Name ▲	Age ⬍	Total ⬍	Discount
Almighty	45	$153.19	44.7%
Evans	22	$13.19	11%
Hood	33	$19.99	25%
Kent	18	$15.89	44%
Parker	28	$9.99	20.9%

Etiquetas básicas de mesa

Uma tabela é especificada como o conteúdo da etiqueta de bloco <table>

Existem dois tipos de linhas nas tabelas: a linha que circunda o exterior de toda a tabela é designada por fronteira; as linhas que separam as células umas das outras são designadas por régua. Uma tabela que não inclua o atributo de limite será uma matriz de células sem limite nem regras. O browser tem larguras predefinidas para os limites e as regras da tabela, que são utilizadas se o atributo border tiver o valor "border". Caso contrário, pode ser fornecido um número como valor de border, que especifica a largura do limite em pixéis.

Por exemplo, border = "3" especifica um limite de 3 pixéis de largura. Um valor de margem

"0" especifica que não há margem nem regras. As regras são definidas em 1 pixel quando é especificado qualquer valor de margem diferente de zero. Todos os limites da tabela são biselados para dar um aspeto tridimensional, embora tal não seja eficaz quando são utilizadas larguras de limite estreitas. O atributo border é o atributo mais comum para a tag <table>.

Na maioria dos casos, uma tabela exibida é precedida por um título, dado como o conteúdo de uma tag <caption>, que pode seguir imediatamente a tag de abertura <table>. As células de uma tabela são especificadas uma linha de cada vez. Cada linha de uma tabela é especificada com uma tag de linha,<tr> . Dentro de cada linha, o rótulo da linha é especificado pela tag de título da tabela<th>. Embora a tag <th> tenha título em seu nome, chamamos essas tags de rótulos para evitar confusão com os títulos criados com as tags <hx>. Cada célula de dados de uma linha é especificada com uma tag de dados de tabela,<td>. A primeira linha de uma tabela geralmente tem os rótulos das colunas da tabela. Por exemplo, se uma tabela tem três colunas de dados e seus rótulos de coluna são, respetivamente, Maçã, Laranja e Chave de fenda, a primeira linha pode ser especificada pelo seguinte: <tr>

```
<th> Apple </th>
<th> Laranja </th>
<th> Chave de fendas </th>
</tr>
```

Cada linha de dados de uma tabela é especificada com uma etiqueta de título e uma etiqueta de dados para cada coluna de dados. Por exemplo, a primeira linha de dados da nossa tabela de trabalhos em curso pode ser a seguinte:

```
<tr> <th> Pequeno-almoço </th>
<td> 0 </td>
<td> 1 </td>
<td> 0 </td> </tr>
```

Em tabelas que têm rótulos de linhas e colunas, a célula do canto superior esquerdo está frequentemente vazia. Esta célula vazia é especificada com uma etiqueta de cabeçalho de tabela que não inclui conteúdo (seja <th></th> ou apenas <th />).

O documento seguinte descreve o quadro completo:

```
<?xml version = "1.0" encoding = "utf-8"?>
<!DOCTYPE html PUBLIC "-//W3C//DTD XHTML 1.0 Strict//EN"
  "http://www.w3.org/TR/xhtml1/DTD/xhtml1-strict.dtd">

<!-- table.html
     An example of a simple table
     -->
<html xmlns = "http://www.w3.org/1999/xhtml">
  <head> <title> A simple table </title>
  </head>
  <body>
    <table border = "border">
      <caption> Fruit Juice Drinks </caption>
      <tr>
        <th> </th>
        <th> Apple </th>
        <th> Orange </th>
        <th> Screwdriver </th>
      </tr>
      <tr>
        <th> Breakfast </th>
        <td> 0 </td>
        <td> 1 </td>
        <td> 0 </td>
      </tr>
      <tr>
        <th> Lunch </th>
        <td> 1 </td>
        <td> 0 </td>
        <td> 0 </td>
      </tr>
      <tr>
        <th> Dinner </th>
        <td> 0 </td>
        <td> 0 </td>
        <td> 1 </td>
      </tr>
    </table>
  </body>
</html>
```

Saída

Fruit Juice Drinks

	Apple	Orange	Screwdriver
Breakfast	0	1	0
Lunch	1	0	0
Dinner	0	0	1

Os atributos rowspan e colspan

Em muitos casos, as tabelas têm vários níveis de etiquetas de linhas ou colunas em que uma etiqueta abrange duas ou mais etiquetas secundárias. Por exemplo, considere a exibição de uma tabela parcial mostrada na figura abaixo. Nesta tabela, a etiqueta de nível superior Fruit Juice Drinks abrange as três células de etiqueta de nível inferior. As etiquetas de vários níveis podem ser especificadas com os atributos rowspan e colspan.

Fruit Juice Drinks		
Apple	Orange	Screwdriver

Dois níveis de etiquetas de coluna

A especificação do atributo colspan num cabeçalho de tabela ou numa etiqueta de dados de tabela diz ao navegador para tornar a célula tão larga quanto o número especificado de linhas abaixo dela na tabela. Para o exemplo anterior, poderia ser utilizada a seguinte marcação:

```
<tr>
<th colspan = "3"> Bebidas de sumo de fruta </th>
</tr> <tr>
<th> Apple </th>
<th> Laranja </th>
<th> Chave de fendas </th> </tr>
```

Se existirem menos células nas linhas acima ou abaixo da célula de abrangência do que o atributo colspan especifica, o browser estende a célula de abrangência sobre o número de células que preenchem a coluna na tabela. O atributo rowspan das etiquetas de título de tabela e de dados de tabela faz para as linhas o que colspan faz para as colunas.

Uma tabela com dois níveis de rótulos de coluna e também com rótulos de linha tem de ter uma célula vazia no canto superior esquerdo que abranja as várias linhas de rótulos de coluna e as várias colunas. Essa célula é especificada através da inclusão dos atributos rowspan e colspan. Considere a seguinte especificação de tabela, que é uma pequena modificação da tabela anterior:

A figura acima mostra uma apresentação do browser de cell_span.html.

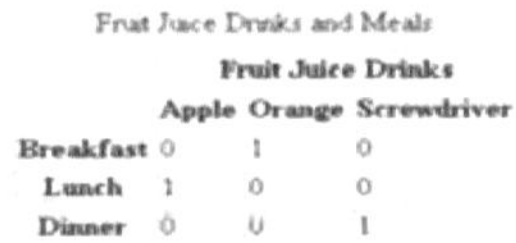

Fruit Juice Drinks and Meals

	Fruit Juice Drinks		
	Apple	Orange	Screwdriver
Breakfast	0	1	0
Lunch	1	0	0
Dinner	0	0	1

A figura acima apresenta o ficheiro cell_span.html: colunas com várias etiquetas e linhas com etiquetas.

Os atributos align e valign

```
      <td> 0 </td>
    </tr>
    <tr>
      <th> Lunch </th>
      <td> 1 </td>
      <td> 0 </td>
      <td> 0 </td>
    </tr>
    <tr>
      <th> Dinner </th>
      <td> 0 </td>
      <td> 0 </td>
      <td> 1 </td>
    </tr>
  </table>
 </body>
</html>
```

O posicionamento do conteúdo dentro de uma célula de tabela pode ser especificado com os atributos align e valign nas marcas <tr>, <th> e <td>. O atributo align tem os valores possíveis left, right e center, com os significados óbvios para o posicionamento horizontal do conteúdo dentro de uma célula. O alinhamento padrão para células th é o centro; para células td, é a esquerda. Se align for especificado em uma tag <tr>, ele se aplicará a todas as células da linha. Se estiver incluído em uma tag <th> ou <td>, ele se aplicará apenas a essa célula.

O atributo valign das tags <th> e <td> tem os valores possíveis top e bottom. O alinhamento vertical padrão para cabeçalhos e dados é o centro. Como valign se aplica apenas a uma única célula, nunca faz sentido especificar center. O exemplo a seguir ilustra os atributos align e valign:

A figura acima mostra um ecrã do navegador de cell_align.html

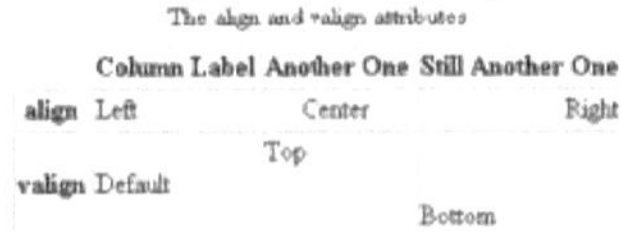

The align and valign attributes

	Column Label	Another One	Still Another One
align	Left	Center	Right
valign	Default	Top	Bottom

A figura acima mostra a exibição de cell_align.html: os atributos align e valign.

Os atributos Preenchimento de célula e Espaçamento de célula

A etiqueta table tem dois atributos que podem ser utilizados, respetivamente, para especificar o espaçamento entre o conteúdo de uma célula da tabela e o bordo da célula e o espaçamento entre células adjacentes. O atributo cellpadding é utilizado para especificar o espaçamento entre o conteúdo de uma célula e as paredes interiores da célula - frequentemente, para evitar que o texto de uma célula fique demasiado próximo do bordo da célula. O atributo cellspacing é utilizado para especificar a distância entre células numa tabela. O documento seguinte, space_pad.html, ilustra os atributos cellpadding e cellspacing:

```
<?xml version = "1.0" encoding = "utf-8"?>
<!DOCTYPE html PUBLIC "-//W3C//DTD XHTML 1.0 Strict//EN"
  "http://www.w3.org/TR/xhtml11/DTD/xhtml11-strict.dtd">

<!-- space_pad.html
     An example that illustrates the cellspacing and
     cellpadding table attributes
     -->
<html xmlns = "http://www.w3.org/1999/xhtml">
  <head> <title> Cell spacing and cell padding </title>
  </head>
  <body>
    <b>Table 1 (space = 10, pad = 30) </b><br /><br />
    <table border = "5" cellspacing = "10" cellpadding = "30">
      <tr>
        <td> Small spacing, </td>
        <td> large padding </td>
      </tr>
    </table>

    <br /><br /><br /><br />
    <b>Table 2 (space = 30, pad = 10) </b><br /><br />
    <table border = "5" cellspacing = "30" cellpadding = "10">
      <tr>
        <td> Large spacing, </td>
        <td> small padding </td>
      </tr>
    </table>
  </body>
</html>
```

A figura acima mostra um ecrã do navegador de space_pad.html.
A figura acima mostra o ecrã do espaço_ pad. Html

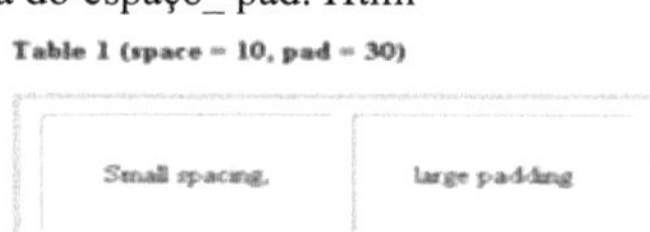

Secções do quadro

As tabelas têm naturalmente duas e, por vezes, três partes: cabeçalho, corpo e rodapé. (Nem todas as tabelas têm um rodapé natural.) Estas três partes podem ser indicadas respetivamente em XHTML com os elementos thead, tbody e tfoot. O cabeçalho inclui as etiquetas das colunas, independentemente do número de níveis nessas etiquetas. O corpo inclui os dados da tabela, incluindo as etiquetas das linhas. O rodapé, quando aparece, às vezes tem os rótulos das colunas repetidos após o corpo. Em algumas tabelas, o rodapé contém os totais das colunas de dados acima. Uma tabela pode ter várias secções de corpo, caso em que o browser pode delimitá-las com linhas horizontais que são mais espessas do que as linhas de regra dentro de uma secção de corpo.

Células para colorir

A cada célula pode ser atribuída uma cor de fundo utilizando o atributo bgcolor. Por exemplo, se quisermos que uma determinada célula tenha uma cor de fundo vermelha, a etiqueta <td> deve ser dada da seguinte forma.

```
<td bgcolor= "#ff0000">
```

Considere a tabela apresentada em baixo. Ela tem três colunas. Se quisermos que a primeira coluna seja de cor vermelha, a segunda de cor verde e a terceira de cor azul, devemos escrever o documento HTML da seguinte forma.

```
<table border=5 width=80%>
<caption> Admissão 1997-98</caption>
<   tr> <th bgcolor=#ff0000 align=center> Comunidade
<   th bgcolor=#00ff00 align=right> Homem
<   th bgcolor=#00ff00 align=right> Feminino
<   tr><td bgcolor=#ff0000 align=center> OC
<   td bgcolor=#00ff00 align= center >35
<   td bgcolor=#0000ff align= center >15
<   tr><td bgcolor=#ff0000 align=center> BC
<   td bgcolor=#00ff00 align= center >50
<   td bgcolor=#0000ff align= center >45
<   tr><td bgcolor=#ff0000 align=center> SC/ST <td bgcolor=#00ff00 align= center >65 <td
bgcolor=#0000ff align= center >12
</table>
```

Admission 1997-98

Community	Male	Female
OC	35	15
BC	50	45
SC/ST	65	12

FORMULÁRIOS

A forma mais comum de um utilizador comunicar informações de um navegador Web para o servidor é através de um formulário. Modelados com base nos formulários em papel que as pessoas têm frequentemente de preencher, os formulários podem ser descritos em XHTML e apresentados pelo browser. O XHTML fornece etiquetas para gerar os objectos normalmente utilizados num formulário de ecrã. Estes objectos são designados por controlos ou widgets. Existem controlos para recolha de texto de uma ou várias linhas, caixas de verificação, botões de rádio e menus, entre outros. Todas as etiquetas de controlo são etiquetas em linha. A maioria dos controlos é utilizada para recolher informações do utilizador sob a forma de texto ou de selecções de botões. Cada controlo pode ter um valor, normalmente fornecido através da introdução do utilizador. Em conjunto, os valores de todos os controlos (que têm valores) num formulário são designados por dados do formulário.

A etiqueta <form>

Todos os controlos de um formulário aparecem no conteúdo de uma etiqueta <form>. Uma tag de bloco, <form>, pode ter vários atributos diferentes, mas apenas um deles, ação, é necessário. O atributo action especifica o URL da aplicação no servidor Web que deve ser chamado quando o utilizador clica no botão Submeter. O atributo method de <form> especifica uma das duas técnicas, get ou post, usadas para passar os dados do formulário para o servidor. O padrão é get, portanto, se nenhum atributo de método for fornecido na tag <form>, get será usado. A técnica alternativa é post. Em ambas as técnicas, os dados do formulário são codificados em uma cadeia de texto quando o usuário clica no botão Enviar. Quando o método get é utilizado, o browser anexa a cadeia de consulta ao URL do pedido HTTP, pelo que os dados do formulário são transmitidos ao servidor juntamente com o URL. O browser insere um ponto de interrogação no final do URL real, imediatamente antes do primeiro carácter da cadeia de consulta, para que o servidor possa encontrar facilmente o início da cadeia de consulta. O método get também pode ser usado para passar parâmetros para o servidor quando os formulários não estão envolvidos. (Isso não pode ser feito com post.) Uma desvantagem do método get é que alguns servidores colocam um limite no comprimento da cadeia de caracteres do URL e truncam quaisquer caracteres além do limite. Assim, se o formulário tiver mais do que alguns controlos, get não é uma boa escolha. Quando o método post é utilizado, a cadeia de consulta é passada por outro método para o programa de processamento de formulários. Não existe limitação de comprimento para a cadeia de caracteres de consulta com o método post, pelo que, obviamente, é a melhor escolha quando existem mais do que alguns controlos no formulário. Existem também algumas preocupações de segurança com get que não são um problema com post.

A etiqueta <input>

Muitos dos controlos normalmente utilizados são especificados com a etiqueta em linha <input>, incluindo os de texto, palavras-passe, caixas de verificação, botões de rádio e os botões de ação Repor, Submeter e simples. O único atributo de <input> que é necessário para todos os controlos discutidos nesta secção é type, que especifica o tipo particular de controlo. O tipo do controlo é o seu nome de tipo, tal como caixa de verificação. Todos os controlos listados anteriormente, exceto Reset e Submit, também requerem um atributo name, que se torna o nome do valor do controlo nos dados do formulário. Os controlos para caixas de verificação e botões de rádio requerem um atributo value, que inicializa o valor do controlo. Os valores destes controlos são colocados nos dados do formulário que são enviados para o servidor quando se clica no botão Submeter. Um controlo de texto, que normalmente designamos por caixa de texto, cria uma caixa horizontal na qual o utilizador pode escrever texto. As caixas de texto são frequentemente utilizadas para recolher informações do utilizador, como o nome e o endereço do utilizador. O tamanho predefinido de uma caixa de texto é frequentemente de 20 caracteres. Uma vez que o tamanho predefinido pode variar entre browsers, é boa ideia incluir um tamanho em cada caixa de texto. Isso é feito com o atributo size de <input>. Se o utilizador escrever mais caracteres do que os que cabem na caixa, a caixa é deslocada. Se não quiser que a caixa seja deslocada, pode incluir o atributo maxlength para especificar o número máximo de caracteres que o browser aceitará na caixa. Quaisquer caracteres adicionais são ignorados. Como exemplo de uma caixa de texto, considere o seguinte:

```
<form action = ""> <p>
<input type = "text" name = "Name" size = "25" /> </p> </form>
```

Suponha que o utilizador escreveu a seguinte linha:

Alfred Paul von Frickenburger

A caixa de texto recolheria a cadeia completa, mas a cadeia seria deslocada para a direita, deixando o seguinte na caixa:

ed Paul von Frickenburger

A extremidade esquerda da linha faria parte do valor de Nome, embora não apareça na caixa. As extremidades da linha podem ser visualizadas na caixa, movendo o cursor para fora das extremidades da caixa. Observe que os controles não podem aparecer diretamente no

conteúdo do formulário - eles devem ser colocados em algum recipiente de bloco, como um parágrafo. Isso ocorre porque <input> é uma tag inline.
Agora considere uma caixa de texto semelhante que inclui um atributo maxlength:

<form action = ""> <p>
<input type = "text" name = "Name" size = "25" maxlength = "25" /> </p> </form>

Se o utilizador escrevesse o mesmo nome que no exemplo anterior, o valor resultante da caixa de texto Nome seria o seguinte:

Alfred Paul von Frickenbu

Independentemente do que fosse digitado depois do u no apelido dessa pessoa, o valor de Nome seria o mostrado.
Se o conteúdo de uma caixa de texto não deve ser apresentado quando é introduzido pelo utilizador, pode ser utilizado um controlo de palavra-passe da seguinte forma

<input type = "password" name = "myPassword" size = "10" maxlength = "10" />

Neste caso, independentemente dos caracteres que são introduzidos no controlo da palavra-passe, apenas os marcadores ou asteriscos são apresentados pelo browser. Não existem restrições quanto aos caracteres que podem ser introduzidos numa caixa de texto. Assim, a cadeia "?!34,:" pode ser introduzida numa caixa de texto destinada a nomes. Por conseguinte, o conteúdo introduzido nas caixas de texto tem quase sempre de ser validado, quer no browser, quer no servidor para o qual os dados do formulário são transmitidos para processamento, ou em ambos. As caixas de texto, bem como a maioria dos outros elementos de controlo, devem ser etiquetadas. A rotulagem pode ser feita simplesmente inserindo texto nos locais apropriados do formulário:

Telefone: <input type = "text" name = "phone" />

Essa marcação rotula efetivamente a caixa de texto, mas há várias maneiras de melhorar a rotulagem. Por um lado, não existe qualquer ligação entre a etiqueta e o controlo. Por conseguinte, podem ficar separados nas alterações de manutenção do documento. Um controlo e a sua etiqueta podem ser ligados, colocando o controlo e a sua etiqueta no conteúdo de um elemento de etiqueta, como no elemento seguinte:

<label> Telefone: <input type = "text" name = "phone" /> </label>

Agora, a caixa de texto e a sua etiqueta estão encapsuladas em conjunto. Existem várias outras vantagens desta abordagem aos controlos de etiquetagem. Em primeiro lugar, os browsers costumam apresentar o conteúdo de texto de um elemento de etiqueta de forma diferente para o fazer sobressair. Em segundo lugar, se o conteúdo de texto de um elemento de etiqueta for selecionado, o cursor é implicitamente movido para o controlo no conteúdo da etiqueta. Esta caraterística é uma ajuda para os novos utilizadores da Web.
Em terceiro lugar, o conteúdo de texto de um elemento de etiqueta pode ser processado por um sintetizador de voz no computador cliente quando o conteúdo do elemento de etiqueta é selecionado. Esta funcionalidade pode ser uma grande ajuda para um utilizador com uma deficiência visual.

QUADROS

Definição de conjunto de armação

Um conjunto de quadros é definido usando a tag <frameset> que termina com a tag </frameset>. A tag <frameset> tem dois atributos.

- Moldura de linhas ou colunas
- Tamanho de cada moldura

Temos de utilizar o atributo cols. É necessário utilizar o atributo rows. As dimensões dos quadros são mencionadas em qualquer uma das unidades seguintes:

- Pixel
- Percentagem
- Fração

Unidade de pixel

A unidade de píxeis representa simplesmente o número de píxeis em cada fotograma. As vírgulas devem separar os números. Por exemplo, considere o seguinte:

```
<frameset cols="150,70,70">
</frameset>
```

Esta definição cria três quadros em colunas, com o primeiro quadro com 150 píxeis de largura e o segundo com 70 píxeis de largura.

Unidade percentual

A unidade de percentagem divide a janela de acordo com as percentagens especificadas. Por exemplo, considere a definição do conjunto de quadros:

```
<frameset rows="70%,30%"> </frameset>
```

Na definição acima, são definidas duas molduras em linha no contentor. A primeira moldura tem 70 por cento do contentor e a segunda tem 30 por cento do contentor. Se o total das percentagens for superior a 100, todas as percentagens são reduzidas. Se a soma das percentagens for inferior a 100, os espaços extra são deixados de fora.

Unidade de fração

Em vez de utilizar unidades de pixel ou de percentagem, podemos utilizar unidades de fração para representar os tamanhos relativos dos fotogramas.

```
<frameset cols="4*,4*,*,*">
</frameset>
```

Definição de moldura

A definição da moldura é dada utilizando a etiqueta<frame>. A etiqueta<frame> pode ter qualquer um dos seguintes atributos:

- Endereço HTML de origem (SRC)
- Nome do quadro (NAME)
- Largura da margem(MARGINWIDTH)
- Botão de deslocação (SCROLLING)
- Se pode ser redimensionado

Endereço HTML de origem (SRC)

Os atributos SRC especificam o URL do documento HTML a ser apresentado nesta moldura. O URL é apresentado entre aspas duplas.

Nome da moldura (NAME)

É dado um nome a uma moldura para a identificar quando se especifica o destino dos documentos html.O nome da moldura começa por uma letra alfabética.NAME="contents" define o nome desta moldura.

Margem

Os atributos MARGINWIDTH e MARGINHIGHT especificam as margens esquerda, direita, superior e inferior a manter na moldura. As margens são mantidas em número de pixéis.

Deslocação

O atributo de deslocação é utilizado para descrever se a moldura deve ou não basear uma barra de deslocação. Se especificar SCROLLING="YES", é apresentada uma barra de deslocação na moldura. Se especificar SCROLLING + "NO", a barra de deslocação não aparece na moldura. Se especificarmos SCROLLING="AUTO", o browser decide se é necessária uma barra de deslocamento. Se o conteúdo for maior do que o tamanho da moldura, aparece uma barra de deslocação.

Sem redimensionamento

O atributo NORESIZE não tem valor a atribuir. Se este for atribuído, as molduras não são redimensionáveis pelo utilizador.

Exemplo

Suponhamos que queremos definir uma moldura com os seguintes valores de atributos.

<frame src="contents.html" name = "frameone" marginwidth = 40 marginheight = 60 scrolling = "yes" noresize>

Aqui, o nome da moldura é frameone. Esta moldura vai colocar o conteúdo do documento HTML "contents.html". As margens esquerda e direita são definidas como 40 pixéis. As margens superior e inferior são definidas como 60 pixéis. A moldura terá uma barra de deslocação. O utilizador não pode redimensionar a moldura.

Conjuntos de quadros aninhados

Suponhamos que queremos dividir a janela em três quadros por coluna. As seguintes etiquetas de conjunto de quadros podem fazer a divisão dos três quadros por coluna

<frameset cols="20%,40%,40%">

</frameset>

Queremos dividir o quadro do meio em dois subquadros em linha de igual tamanho. Isto pode ser feito através de outra etiqueta <frameset> da seguinte forma

<frameset cols="50%,50%">

</frameset>

A etiqueta de conjunto de molduras geral é aninhada com outra etiqueta de conjunto de molduras da seguinte forma.

<frameset col= "25%,50%,25%">
<frame name="leftframe" scrolling="yes">
<frameset rows="50%,50%">
<frame name="topframe" scrolling="yes">
<frame name="bottomframe" scrolling="yes"> </frameset>
<frame name="leftframe" scrolling="yes">
</frameset>

Suponhamos que a cada fotograma é atribuída uma fonte HTML da seguinte forma.

Moldura	**Fonte**
Moldura esquerda	aves.html
Moldura direita	contents.html
Estrutura superior	
Estrutura inferior	animais.html frutos.html

O documento HTML completo é apresentado da seguinte forma.

<frameset col= "20%,40%,40%">
<frame name="leftframe" src=" birds.html">
<frameset rows="50%,50%">
<frame name="topframe" src=" animals.html">

```
<frame name="bottomframe" src=" fruits.html">
</frameset>
<frame name="rtframe" src=" contents.html">
</frameset>
```

CONCLUSÃO:

Esta unidade inclui os conceitos de manuseamento de tabelas, quadros e formulários. Todas as caraterísticas das tabelas, molduras e formulários foram bem ilustradas com todas as técnicas relacionadas.

PERGUNTAS DE REVISÃO:

1. O que são tabelas? Dar um exemplo.
2. Como é que se cria uma tabela em html?
3. Quais são os componentes de uma tabela? Dar um exemplo.
4. Porque é que são necessárias etiquetas de tabela? Explique.
5. Distinguir entre os atributos rowspan e colspan.
6. Discutir sobre os atributos align e valign.
7. Como é que se cria uma tabela em HTML? Explicar com um exemplo.
8. Especificar os atributos Preenchimento de células e Espaçamento de células.
9. Explicar o conceito de coloração das células.
10. Discutir os formulários em pormenor.
11. O que são molduras?
12. Escreva uma breve nota sobre os conjuntos de quadros aninhados.
13. Escrever um Drosramto nrint Vourbiodata em HTML com o seguinte formato.

BIO-DATA

Name			
Data of Birth			
Religion			
Community			
Address		Street	
		Town	
		District	
		state	
Phone		Office	
Educational qualification			
Degree	University/Institute	Month & Year	Grade/Mark

14. Escreva um programa HTML para imprimir a seguinte tabela

	Linha alugada	VSAT
Custo fixo:		
Iiistallatio n⅛ostgfeg uıpmen.t	21acs/line	IOlacsA SAT
Rendas / custos recorrentes	14 lacs/annum/line	SlacsA SAT
Custo fixo para quatro contadores	8 la cs	401a cs
Custo recorrente para quatro contadores	561acs	12 la cs
Custo para três anos	1781acs	8 S lacs
Custo de um ano	591acs	291acs

15. Escreva um programa HTML para imprimir a seguinte tabela.

Especificação FDDI

Especificação	Valores
Media	Fibra monomodo e multimodo

Taxa de dados	100mb/s
Tamanho máximo do quadro	4 SOObytes
Codificação	4B/5B/MLT-3
Estação máxima, distância	100m/2km
Maxnoyerage	200 km
Riutita máxima das estações	SOOperring (predefinição)
Topologia	Dualnngoffrees
Comprimento de onda ótico utilizando fibra	1 300ntn

16. Escreva um programa HTML para imprimir a seguinte tabela

BÓNUS INICIALIZAÇÃO	
Número da apólice	320177401
Data de início	14/01/95
Tabela&termo	75-20
Montante assegurado	25000
Prémio de prestação.	422.00
Próximo prem.due	10-96
Montante do bónus declarado	
Até 31.3.1995	1675.00
Para o ano de 95-96	1675.00
Totalaté 31.3.1996	3350.00

17. Escreva um programa HTML para imprimir a seguinte tabela

TERMINAL DIAL-UF SERVICE			
CATEGORY	REGISTRATION FEE	ANNUAL/500HRS WHICHEVER IS EARLIER	TICK ONLY ONE
student	Rs 50/-	Rs 500/-	[]
General	Rs 500/-	Rs 5000/-	[]
TCP/IP SERVICE			
Student	Not offered	Not offered	
general	Rs 500/-	Rs 15000/-	[]
			[]

CAPÍTULO V

HTML DINÂMICO

OBJECTIVO:

Esta unidade aborda os conceitos de DHTML, folhas de estilo em cascata, definição de folhas de estilo, etc. O método de ligação de uma folha de estilo a um documento HTML também é explicado. Também são explicados os diferentes tipos de folhas de estilo, nomeadamente folhas de estilo internas, folhas de estilo externas e folhas de estilo múltiplas.

DHTML

O HTML dinâmico, ou DHTML, é um termo genérico para um conjunto de tecnologias utilizadas em conjunto para criar sítios Web interactivos e animados, utilizando uma combinação de uma linguagem de marcação estática (como o HTML), uma linguagem de scripting do lado do cliente (como o JavaScript), uma linguagem de definição de apresentação (como o CSS) e o Document Object Model. A aplicação de DHTML foi introduzida pela Microsoft com o lançamento do Internet Explorer 4 em 1997.

O DHTML permite que as linguagens de script alterem variáveis na linguagem de definição de uma página Web, o que, por sua vez, afecta o aspeto e a função do conteúdo de uma página HTML "estática", depois de a página ter sido totalmente carregada e durante o processo de visualização. Assim, a caraterística dinâmica do DHTML é a forma como funciona enquanto uma página é visualizada, e não a sua capacidade de gerar uma página única em cada carregamento de página.

O DHTML permite aos autores acrescentar efeitos às suas páginas que, de outra forma, seriam difíceis de obter. Em poucas palavras: a linguagem de scripting está a alterar o DOM e o estilo da página.

DHTML é a combinação de HTML, CSS e JavaScript.

O HTML dinâmico tem as seguintes caraterísticas.

- Folhas de estilo
- Posicionamento absoluto
- Efeitos multimédia
- Facilidade de acesso à base de dados
- Tipos de letra dinâmicos
- Scripting

Folhas de estilo em cascata

As folhas de estilo em cascata (CSS) são uma linguagem de folha de estilo utilizada para descrever o aspeto e a formatação de um documento escrito numa linguagem de marcação. A linguagem pode ser aplicada a qualquer tipo de documento XML, incluindo XML simples, SVG e XUL. Juntamente com o HTML e o JavaScript, o CSS é uma tecnologia fundamental utilizada pela maioria dos sítios Web para criar páginas Web visualmente atraentes, interfaces de utilizador para aplicações Web e interfaces de utilizador para muitas aplicações móveis.

O que é CSS?

- CSS significa Cascading Style Sheets (folhas de estilo em cascata)
- As CSS definem a forma como os elementos HTML devem ser apresentados
- Os estilos foram adicionados ao HTML 4.0 para resolver um problema
- As CSS poupam muito trabalho
- As folhas de estilo externas são armazenadas em ficheiros CSS

Cascading Style Sheets (folhas de estilo em cascata), uma nova funcionalidade adicionada ao HTML que dá aos criadores e utilizadores de sítios Web um maior controlo sobre a forma como as páginas são apresentadas. Com o CSS, os designers e utilizadores podem criar folhas de estilo que definem a forma como diferentes elementos, como cabeçalhos e ligações, aparecem. Estas folhas de estilo podem depois ser aplicadas a qualquer página Web.

O termo Cascading deriva do facto de poderem ser aplicadas várias folhas de estilo à mesma página Web. O HTML é utilizado para estruturar o conteúdo. As CSS são utilizadas para formatar o conteúdo estruturado. As CSS foram uma revolução no mundo do web design. As vantagens concretas das CSS incluem:

- controlar a apresentação de muitos documentos a partir de uma única folha de estilos;
- controlo mais preciso da apresentação;
- aplicar diferentes esquemas a diferentes tipos de suportes (ecrã, impressão, etc.);
- numerosas técnicas avançadas e sofisticadas

DEFINIÇÃO DE ESTILOS

Uma declaração com o seguinte formato define um estilo.

Item (propriedade: valor)

Por exemplo, considere o seguinte

H1 (tipo de letra: "Times Roman "Bold 24pt; cor: vermelho)

Esta afirmação diz-nos que todos os títulos do tipo H1 devem aparecer em letra Times Roman, tamanho 24, a negrito e a vermelho.

Considere o seguinte.

A (cor: vermelho; decoração de texto: intermitente)

Isto informa o navegador de que todos os hipertextos com âncoras devem aparecer a vermelho e também devem estar a piscar.

Suponhamos que queremos que qualquer texto de parágrafo apareça no tipo de letra Arial, em tamanho de 12 pontos, com um recuo de texto de 0,5 polegadas, podemos introduzir a seguinte declaração na folha de estilos.

P (font: 12pt "Arial"; text-indent: 0.5in)

Suponhamos que queremos ter uma margem esquerda de 1,5 polegadas e uma margem direita de 1,5 polegadas em todo o corpo da página, podemos especificar isto da seguinte forma na folha de estilos.

Corpo (margem esquerda:1.5in;margem direita:1.5in)

Além disso, se quisermos definir que a cor de fundo seja enquanto e a cor do texto seja vermelha, escrevemos a seguinte declaração na folha de estilos.

Body(background:white;color:black; margin-left:1.5in; margin-right:1.5in)

Uma ou mais instruções que definem os estilos formam uma folha de estilos. Por exemplo, o seguinte é uma folha de estilos.

body(font:14pt "Arial"; color:black; background:white)

H1(fonte;24pt "Times Roman", negrito)

P(font:12pt "Times Roman")

H4(font:20pt 'Times Roman "bold")

A(text-decorator: blinking;color:green)

Elementos de estilos

O estilo geralmente define o seguinte

- Nome, tamanho e estilo do tipo de letra

- Recuo do texto
- Margens (esquerda e direita)
- Cor do fundo e do texto
- Alinhamento do texto

Atribuição de fontes

Sempre que é necessário atribuir um tipo de letra, definimo-lo como mostra o exemplo seguinte.

Tipo de letra: "Times Roman "4pt negrito;

Podemos também defini-lo da seguinte forma.

Font-size:14pt;font-name: "Times Roman";font-weight:bold

O tamanho do ponto é definido como um número inteiro seguido de "pt". Em vez de definir o tamanho absoluto do tipo de letra, também o podemos definir de forma relativa. Por exemplo, podemos definir font-size=+2pt. Isto diz-nos que o estilo atribuído tem mais 2 pts do que o tamanho normal da fonte. Se o tamanho normal da fonte for 12 pts, então ser-lhe-ão atribuídos 14 pts. Da mesma forma, se definirmos font-size=-3pt, isto reduzirá o tamanho normal da fonte em 3pts. Também é possível definir o tamanho da fonte utilizando as palavras-chave apresentadas na Tabela.

Palavras-chave para tamanhos de letra

Palavra-chave	Meiiiiiig
xx-gmail	Duplo extremamente pequeno
x-gmail	Extremamente gmai l |
Gmail	Pequeno
médio	Médio
grande	Grande
x-grande	Extra grande
xx-grande	Duplo extra grande

Por exemplo, considere o seguinte

tamanho da fonte: xx-large;

Isto define o tamanho do tipo de letra como sendo muito grande. O browser encarrega-se do tamanho real do tipo de letra a atribuir. O estilo do tipo de letra pode ser definido da seguinte forma.

estilo da fonte:itálico;
estilo da fonte:negrito;
estilo da fonte:normal;

O peso do tipo de letra pode ser definido da seguinte forma.

peso da fonte:negrito;
font-weight:bolder;

Podemos utilizar qualquer uma das seguintes palavras-chave para definir o peso da fonte.

Normal
Negrito
Mais ousado
isqueiro

DEFINIÇÕES DE MARGEM E ESPAÇO

As margens, o recuo do texto e outras definições de espaço são definidos em qualquer uma das seguintes unidades apresentadas no quadro seguinte.

Unidades de tamanho

Abreviatura	Meiisiueineiit
em	Polegadas
mm	Milímetro
cm	Centímetro
pt	Ponto (72 pontos-1 polegada)
pc	Pica(6 picas- 1 polegada, 12 pontos-1 pica
em	O tamanho em pontos do tipo de letra atual
ex	A altura x do tipo de letra atual
PS	Pixel

Podemos definir as margens, o recuo e a altura da linha utilizando os seguintes atributos. Seguem-se alguns exemplos.

Margem esquerda: 0,5 in;

Margem-direita: 9 mm;

Recuo do texto: 1,5 cm;

Palavras-chave para margens, recuos e altura da linha

Palavra-chave do nttiibute	Meiiiiiig
margem esquerda	Margem esquerda
margem direita	Margem direita
recuo de texto	Indentação
altura da linha	Altura da linha

Quando a altura da linha é maior, obtém-se um maior espaçamento entre linhas. Seguem-se alguns exemplos.

altura da linha:3em;

altura da linha:2I;

altura da linha:1,5cm;

Cor

É possível definir duas cores, uma para o texto e outra para o fundo. A palavra-chave background é utilizada para definir a cor de fundo e color é utilizada para definir a cor do texto. Considere a seguinte definição de estilo.

Corpo (fundo: branco: cor: azul)

Este estilo define que o fundo deve ser de cor branca e o texto de cor azul. As cores populares branco, vermelho, laranja, rosa, amarelo, etc., são todas palavras-chave aceites para representar as respectivas cores.

Alinhamento do texto

O alinhamento do texto pode ser definido utilizando o atributo text-align. Os valores podem ser esquerda, direita e centro ou justificado. Seguem-se alguns exemplos.

alinhamento do texto: esquerda;

alinhamento do texto: à direita;

alinhamento do texto: centro;

alinhamento do texto: justificar;

Depois de termos visto os elementos das folhas de estilo, vamos agora ver como é que uma folha de estilo trabalha com documentos HTML.

Ligar uma folha de estilo a um documento HTML

Existem três métodos para definir e ligar estilos a um documento HTML. Eles são os seguintes.

- Estilo em linha

- Folha de estilos externa
- Folha de estilo interna

No caso do estilo em linha, o atributo style define um estilo dentro de qualquer uma das tags, como <h1>tag, <p>tag, etc. Isso não é muito útil, porque o estilo se aplica apenas ao local definido. As folhas de estilo internas e externas são amplamente utilizadas no design de páginas da Web.

Estilos em linha

No estilo em linha, o tipo de estilo é definido dentro do corpo do próprio documento HTML. Por exemplo, na tag de parágrafo <p>, podemos especificar o estilo da seguinte forma.

<p style = "font: "Arial" 18pt">
A Companhia de Jesus (os Jesuítas) é uma organização mundial de homens religiosos, com cerca de 22 500 membros espalhados por todo o mundo, dos quais mais de 3000 trabalham em 14 <a href = provinces.html>províncias </a> da Índia
</p> <p style = "font: "Times roman" 13pt">Em <ahref = tamilnadu.html> Tamilnadu</a>só há cerca de 500 jesuítas a trabalhar em escolas e colégios, serviços para jovens e centros de trabalho social, em paróquias e em programas de missão de proximidade e em quase toda e qualquer forma de serviço e ministério da Igreja.
</p>

O documento completo é o seguinte.

<html>
<head>
<title>
Ilustração de estilo em linha
</title>
</head>
<body>
<h1 style ="font: 24pt " Arial" BOLD">
<hr>
< p style = "font : Arial" 18pt">
A Companhia de Jesus (os Jesuítas) é uma organização mundial de homens religiosos, com cerca de 22 500 membros espalhados por todo o mundo, dos quais mais de 3000 trabalham em 14 <a href = provinces.html> províncias </a> da Índia.
</p>
< p style = "font : "Times Roman" 13pt">
Só em <a href = tamilnadu.html> Tamilnadu </a> há cerca de 500 jesuítas a trabalhar em escolas e colégios, serviços para jovens e centros de trabalho social, em paróquias e em programas de missão e em quase todas as formas de serviço e ministério da igreja.
</p>

O documento completo é o seguinte.

<html>
<head>
<title>
Ilustração de estilo em linha
</title>
</head>

<body>
< h1 style = "font: 24pt "Arial" BOLD">
<hr>
< p style = "font: "Arial" 18pt">
A Sociedade de Jesus (os Jesuítas) é uma organização mundial de homens religiosos, com cerca de 22500 pessoas espalhadas por todo o mundo, das quais mais de 3000 trabalham em 14 <a href = provinces.html> províncias</a> da Índia
</p> <p style = "font: "Times new roman" 13pt"> Só em <a href=tamilnadu.html> tamilnadu</a> há cerca de 500 jesuítas a trabalhar em escolas e faculdades, serviços para jovens e centros de trabalho social, em paróquias e em programas de missão de proximidade e em quase toda e qualquer forma de serviços e ministério da igreja.
</p>
</body>
<html>
No exemplo anterior, o estilo é definido numa etiqueta. Por exemplo, os estilos podem ser definidos na etiqueta <p>, na etiqueta <h1>, na etiqueta <h2>, em qualquer etiqueta de título, na etiqueta <hr>, na etiqueta <a>, etc. Também é possível criar um único estilo para uma parte do documento HTML. Por exemplo, suponha que queremos definir um estilo para três parágrafos. Então podemos definir um estilo e fazê-lo abranger três parágrafos da seguinte forma.
<span style = "text-indent: 4em; margem-esquerda:10%; margem-direita:15%>
<h5>Departamento de Informática</h5> <p>O departamento de informática está a oferecer vários cursos, tais como B.Sc., PGDCA., M.Sc., e M.C.A., Um laboratório bem equipado e uma boa biblioteca estão lá para o uso dos alunos. </p>
<h5> Departamento de Matemática</h5>
O departamento de matemática é um departamento muito antigo desta faculdade. O departamento tem cursos de graduação e pós-graduação.</p> <h5>Departamento de Folclore</h5> <p>O departamento de folclore está oferecendo um curso de mestrado em folclore. O Centro de Pesquisa e Recursos de Folclore (FRRC) é um centro internacional de pesquisa e recursos ligado ao departamento de folclore</p> </span>

Folhas de estilo externas

No caso de uma folha de estilos externa, esta é armazenada num ficheiro separado. Esta folha de estilos pode ser ligada a qualquer número de documentos HTML.

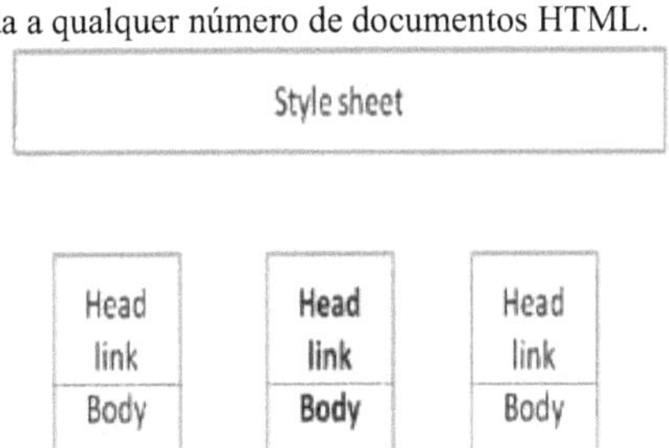

Documento HTML

Considere a folha de estilos "exstyle.css", que é mostrada abaixo.
Corpo{font:14pt "Arial"; cor: preto; fundo:laranja}
H1{font:12pt "Times Roman" bold}

```
P{font:12pt "Times Roman"}
H4{font 26pt "Times Roman" itálico}
A{text-decorator:blinking; color: green}
```

A folha de estilos acima já foi digitada e armazenada no ficheiro "exstyle.css". Esta folha de estilos pode ser ligada através da etiqueta <LINK> da secção de cabeçalho da seguinte forma.

```
<LINK REL=stylesheet href="exstyle.css" type = "text/css">
```

O atributo rel=stylesheet informa-nos que esta etiqueta <LINK> serve para ligar uma folha de estilos ao documento. O href="exstyle.css" informa que "exstyle.css" é o nome do ficheiro da folha de estilos. Type="text/css" informa-nos que o tipo da folha de estilos é text/css.
Um documento HTML completo "Jesuit. Html", que usa esta folha de estilos, é apresentado da seguinte forma.

```
<html>
<head>
<title>
A sociedade de Jesus
</title>
<LINK REL = "stylesheet" href = "exstyle.css type = "text/css">
</head>
<body>
<h1> Os Jesuítas </h1>
<p> A Sociedade de Jesus (os Jesuítas) é uma organização mundial de homens religiosos,
com cerca de 22500 pessoas espalhadas por todo o mundo, das quais mais de 3000 trabalham
em 14 <a href=provinces.html> províncias </a> da Índia. Só em <a href = tamilnadu.html>
Tamilnadu </a> há cerca de 500 jesuítas a trabalhar em escolas e colégios, serviços para
jovens e centros de trabalho social, em paróquias e em programas de missão de proximidade e
em quase todas as formas de serviço e ministério da igreja.</p>
<h4>Educação jesuíta</h4> <p>A educação jesuíta na Província de Madurai inspira-se hoje
em duas declarações que marcaram época, nomeadamente a declaração de visão e o
preâmbulo da educação superior jesuíta, que tiveram origem no encontro da Província de
Madurai de 1985.
</p>
</body>
</html>
```

Folhas de estilo internas

No exemplo anterior, definimos um ficheiro de folha de estilos "exstyle.css" e três documentos HTML, "Jesuits.html", "provinces.html" e "tamilnadu.html". Repare que "tamilnadu.html" não utiliza a folha de estilos "exstyle.css".

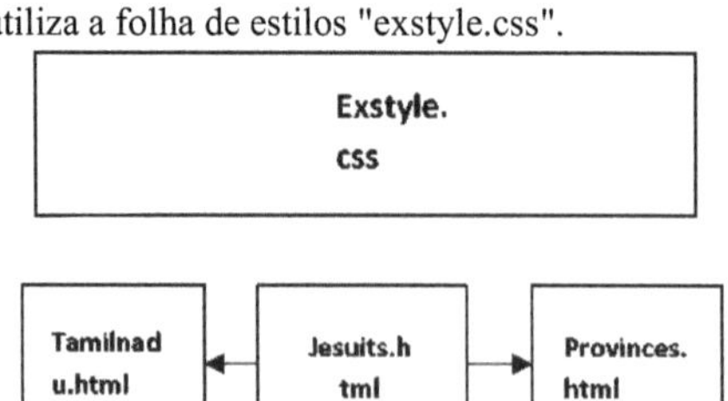

Ligação de folhas de estilo

Uma folha de estilos pode ser totalmente definida na secção do cabeçalho com as etiquetas <style> e </style>, conforme ilustrado na figura. Esta forma de definir folhas de estilo é chamada de folha de estilo interna

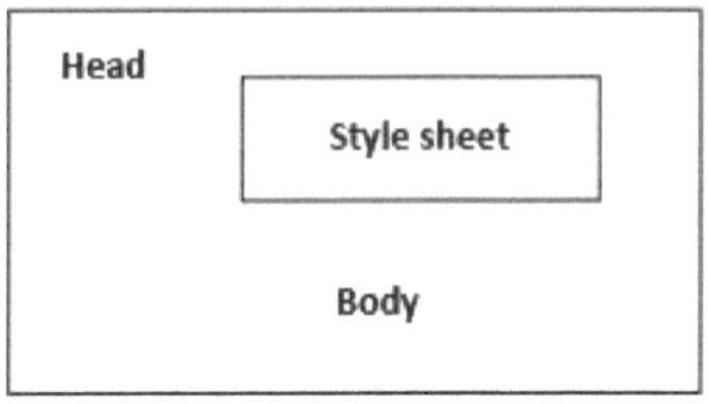

Folha de estilo interna

No nosso exemplo da secção anterior, os mesmos estilos devem ser seguidos também para o ficheiro "provinces.html". Assim, todas as entradas da folha de estilos devem ser dadas também no ficheiro "provinces.html". Usando o método da folha de estilos interna, os ficheiros "Jesuits.html" e "provinces.html" são apresentados da seguinte forma

"Jesuítas.html"

```
<html>
<head>
<title>
Companhia de Jesus
</title>
<style type="text/css">
Corpo {font:14pt "Arial";color:black;background:orange}
h1{font:12pt "Times new roman" bold}
P{font:12pt "Times new roman"}
h1{font:26pt "Times new roman" itálico}
A{text-decorator:blinking;color:green}
<\style>
<body>
<p> A Sociedade de Jesus (os Jesuítas) é uma organização mundial de homens religiosos, com cerca de 22500 pessoas espalhadas por todo o mundo, das quais mais de 3000 estão a trabalhar em 14 <a href=provinces.html>provinces</a> da Índia. Só em <a href=tamilnadu.html> Tamilnadu</a> há cerca de 500 jesuítas a trabalhar em escolas e colégios, serviços para jovens e centros de trabalho social, em paróquias e em programas de missão de proximidade e em quase todas as formas de serviços e ministérios da Igreja.
</p>
</body>
</html>
```

"provinces.html"

```
<head>
<title>
"Províncias.html"
<head>
</title>
<style type="text\css">
```

```
Corpo{font:14pt "Arial";color:black;background:orange}
H1{font:12pt "Times new roman" bold}
P{font:12pt "Times new roman"}
H4{font:26pt "Times new roman" itálico}
A{text-decorator:blinking;color:green}
<\style>
<body>
<h1> Províncias Jesuítas<\h1>
<p> A comunidade jesuíta divide as instituições jesuítas em várias províncias. Por exemplo, a província de Madurai inclui todas as instituições de Tamilnadu. Os seguintes colégios estão sob a alçada da Província de Madurai:
<  h4> Faculdades da Província de Madurai</h4>
<UL>
<  LI> Colégio Loyola, Chennai
<  LI> Colégio St Joseph's, Trichy
<  LI> St Xavier's College, Tirunelveli
<  LI> Escola Superior de Educação de St Xavier, Tirunelveli
<  LI> Colégio Arul Anandar, Karmathur
</UL>
<  /body>
</html>
```

Folha de estilos múltipla

É possível definir vários estilos para uma tag. Por exemplo, considere a tag <H1> e a seguinte declaração.

```
H1{font :24pt "Arial" bold}
```

Isso define que todas as tags <H1> no documento causam a impressão em Arial 24 pt negrito. No entanto, é possível definir dois ou mais tipos de estilos <H1>. Suponha que queremos definir três tipos de estilos <H1> com os nomes capítulo, secção e sub-secção. Suponha que queremos que os seguintes estilos sejam definidos.

Tipo de <H1>	fonte	estilo	tam
Capítulo	Arial	ousado	24
Secção	Tempos	ousado	20
Subsecção	Tempos	Itálico	18

As entradas da folha de estilos serão as seguintes

```
H1.chapter{font:24pt "Arial" bold}
H1.section{font:20pt "times new roman" bold}
H1.Subsecção{font:18pt "Times Roman" itálico}
```

Quando utilizamos um determinado tipo de estilo na etiqueta <h1>, mencionamos o tipo utilizando o atributo class. Por exemplo, suponha que damos as seguintes declarações num documento HTML.

```
<h1 class="chapter"> capítulo2 fundamentos de java</h1><br>
<h1 class="Secção"> secção 2.1 operadores java</h1><br>
<h1 class="Subsecção"> secção 2.1.1 Operadores binários</h1> <br>
<h1 class="subsection"> secção 2.1.2 operadores unários</h1><br> <h1 class="subsection">
```

secção 2.1.3 operadores relacionais </h1><br.<h1 class ="section"> secção 2.2 estruturas de controlo</h1>
 <h1 class ="subsection"> secção 2.2.1 estrutura IF </h1>
 <h1 class ="subsection"> secção 2.2.2 instrução Break</h1>
 <h1 class ="chapter">capítulo 3 estruturas de laços </h1>

No exemplo acima, os seguintes elementos serão apresentados de acordo com o estilo definido em "H1.chapter". Ou seja, aparecem em Arial 24 pontos a negrito, como se mostra abaixo.

capítulo2 fundamentos de java

capítulo3 Estruturas de laço

O seguinte aparecerá de acordo com o estilo definido em H1.section.

Section 1 1 Operadores Java

Section 2 2 Estruturas de controlo

Ou seja, aparecem em Times New Roman 20 pontos, em negrito. O seguinte aparecerá como o estilo definido em "h1.subsection".

section 1 1.1 Operadores binários

section 2 1.2 operadores unários

section 3 1.3 operadores relacionais

section 1 2.1 Estrutura do FI

section 2 2.2 Declaração de interrupção

Ou seja, aparecem em Times new roman 18 pontos, em itálico.

CONCLUSÃO

Com a utilização dos conceitos mencionados neste capítulo, é possível conceber diferentes folhas de estilo.

PERGUNTAS DE REVISÃO:

1. Explique como vai conceber um estilo.
2. Definir um estilo de parágrafo com o tipo de letra Helvetica, 14 pontos
3. Explicar em pormenor os elementos dos estilos.
4. Explicar a definição relativa dos tamanhos de letra.
5. Explicar as várias unidades de medida utilizadas para especificar margens.
6. Quais são os três tipos de folhas de estilo que se ligam a documentos HTML?
7. Ilustre o estilo em linha com um exemplo adequado.
8. Ilustrar a folha de estilo interna com um exemplo adequado.
9. Ilustrar a folha de estilo externa com um exemplo adequado.
10. O que são estilos múltiplos? Ilustre com exemplos adequados.

MIX
Papier aus verantwortungsvollen Quellen
Paper from responsible sources
FSC® C105338

Printed by Books on Demand GmbH, Norderstedt / Germany